Unitatis Redintegratio
Dignitatis Humanae
Nostra Aetate

Coleção Revisitar o Concílio

Ad gentes: texto e comentário
Estêvão Raschietti

Apostolicam Actuositatem: texto e comentário
Antonio José de Almeida

Gaudium et Spes: texto e comentário
Geraldo Lopes

Lumen Gentium: texto e comentário
Geraldo Lopes

Revisitar o Concílio Vaticano II
Dom Demétrio Valentini

Sacrossanctum Concilium: texto e comentário
Alberto Beckhäuser

Unitatis Redintegratio, Dignitatis Humanae, Nostra Aetate: textos e comentários
Elias Wolff

ELIAS WOLFF

Unitatis Redintegratio
Dignitatis Humanae
Nostra Aetate

Textos e comentários

Dados Internacionais de Catalogação na Publicação (CIP)
(Câmara Brasileira do Livro, SP, Brasil)

Wolff, Elias
   Unitatis Redintegratio, Dignitatis Humanae, Nostra Aetate : textos e comentários / Elias Wolff. – São Paulo : Paulinas, 2012. – (Coleção revisitar o Concílio)

   ISBN 978-85-356-3003-9

   1. Concílio Vaticano (2. : 1962-1965) - História 2. Documentos oficiais 3. Ecumenismo 4. Igreja Católica - História - Século 20 I. Título. II. Série.

   11-13896   CDD-262.52

Índice para catálogo sistemático:
   1. Concílio Vaticano 2º : Documentos 262.52

Direção-geral:
Bernadete Boff

Editores responsáveis:
Vera Ivanise Bombonatto
Antonio Francisco Lelo

Copidesque:
Anoar Jarbas Provenzi

Coordenação de revisão:
Marina Mendonça

Revisão:
Ruth Mitzuie Kluska

Assistente de arte:
Ana Karina Caetano

Gerente de produção:
Felício Calegaro Neto

Projeto gráfico e capa:
Telma Custódio

Nenhuma parte desta obra poderá ser reproduzida ou transmitida por qualquer forma e/ou quaisquer meios (eletrônico ou mecânico, incluindo fotocópia e gravação) ou arquivada em qualquer sistema ou banco de dados sem permissão escrita da Editora. Direitos reservados.

Paulinas
Rua Dona Inácia Uchoa, 62
04110-020 – São Paulo – SP (Brasil)
Tel.: (11) 2125-3500
http://www.paulinas.org.br – editora@paulinas.com.br
Telemarketing e SAC: 0800-7010081
© Pia Sociedade Filhas de São Paulo – São Paulo, 2012

Sumário

Introdução 7
Desafios 11

DECRETO
***UNITATIS REDINTEGRATIO* –**
SOBRE O ECUMENISMO

O percurso da discussão conciliar 23
Análise do *Unitatis Redintegratio* 30

TEXTO E COMENTÁRIO

Proêmio 44
Capítulo I. Princípios católicos do ecumenismo 46
Capítulo II. Prática do ecumenismo 58
Capítulo III. Igrejas e Comunidades Eclesiais separadas da Sé Apostólica Romana 69

DECLARAÇÃO
***DIGNITATIS HUMANAE* –**
SOBRE A LIBERDADE RELIGIOSA

O percurso da discussão conciliar 87
Análise da *Dignitatis Humanae* 91

TEXTO E COMENTÁRIO

Proêmio 108
Capítulo I. Doutrina geral acerca da liberdade religiosa 110

Capítulo II. A liberdade religiosa à luz da revelação 121
Conclusão 131

DECLARAÇÃO
NOSTRA AETATE –
SOBRE AS RELAÇÕES DA IGREJA COM AS RELIGIÕES NÃO CRISTÃS

O percurso da discussão conciliar 135
Análise da *Nostra Aetate* 138

TEXTO E COMENTÁRIO

Introdução

A sociedade globalizada tem como uma de suas principais características a pluralidade de culturas, de saberes, de expressões religiosas. Isso possibilita, e até exige, a capacidade da convivência das diferenças em todos esses campos. Tal convivência não é isenta de tensões, mas essa não precisa ser sua característica principal. Ela pode também acontecer na interatividade e complementaridade. Tudo depende de como nos posicionamos no contexto plural. O fato é que há pouca chance para o monopólio. Pode-se não concordar com a cultura ou religião do outro, mas urge aprender a respeitar e aceitar que o outro tem o direito de, livremente, ser e de crer em conformidade com a sua tradição e a sua consciência.

O Concílio Vaticano II situa a Igreja nesse contexto plural. Não mais no sentido de confronto e polêmica, mas no horizonte do encontro, do diálogo, da cooperação, da comunhão. São expressões que caracterizam bem os esforços de renovação da Igreja, tanto *ad intra* quanto *ad extra*. E muito a Igreja tem feito para que o "diálogo", a "cooperação", a "comunhão" não sejam conceitos vazios: cria estruturas para a promoção do diálogo, como os Dicastérios que promovem o ecumenismo e o encontro das religiões, integra-se definitivamente no movimento ecumênico, em organismos que promovem o diálogo, e orienta as Conferências Episcopais de todo o mundo para que assim o façam.

Os três documentos que aqui apresentamos são fundamentais para entendermos as razões e o modo como a

Igreja Católica, no horizonte do Concílio Vaticano II, participa e promove o diálogo ecumênico e inter-religioso. O Decreto *Unitatis Redintegratio* (UR) apresenta o ecumenismo como "um dos principais objetivos" do Vaticano II. E afirma que os esforços pela busca da unidade dos cristãos acontecem sob o impulso do Espírito Santo, para realizar a vontade de Cristo para a sua Igreja. Por essa razão, "a solicitude ecumênica diz respeito a todos", dela ninguém está excluído, sob pena de não manter a fidelidade ao Evangelho.

A Declaração *Dignitatis Humanae* (DH), por sua vez, mostra que não pode haver diálogo ecumênico e inter-religioso sem a liberdade religiosa. Afirma ser a liberdade religiosa um direito fundamental do ser humano, constitutivo de própria dignidade e expressão de sua consciência. Essa liberdade religiosa vincula-se com a própria revelação de Deus, com suas multiformes expressões na história da salvação.

A Declaração *Nostra Aetate* (NA) expressa o reconhecimento pela Igreja de tudo o que há de "verdadeiro" e de "santo" nas diversas tradições religiosas. Afirmação revolucionária com significativas implicações tanto para a reflexão teológica, quanto para a espiritualidade e a ação missionária da Igreja. E exorta os fiéis católicos para que participem e promovam o diálogo e a colaboração com os membros das diferentes religiões, no respeito pelas diferentes formas de crer e na busca da fraternidade universal.

A recepção do Concílio não é plena se não houver uma concentração da atenção para esses três preciosos documentos. Neles apresenta-se muito do "novo" modo de a Igreja ser a partir do Vaticano II: uma Igreja dialogal, relacional, parceira, comunional. Uma Igreja que, sem renunciar à sua identidade, a refaz na relação com a alteridade; sem renunciar à verdade cristã, a enriquece no diálogo com outras compreensões dessa verdade; sem renunciar à sua missão, revê o seu método e seus objetivos no horizonte do diálogo e da comunhão.

A revisitação do Concílio, na celebração dos seus cinquenta anos, é uma privilegiada oportunidade para uma reapresentação desses documentos. E o fazemos aqui de uma forma simples, com linguagem coloquial e numa perspectiva mais pastoral do que teológica – como é próprio dos documentos que abordamos. Também a estrutura do nosso estudo é simples: o caminho percorrido para a elaboração do documento; a explicitação do seu conteúdo; e uma análise do documento com suas implicações para o cotidiano da Igreja. Esperamos, assim, contribuir para que um número sempre maior de pessoas possa, fazendo a recepção do Concílio, integrar-se nos caminhos do diálogo por ele propostos.

Desafios

Vamos destacar as implicações dos documentos sobre o ecumenismo, a liberdade religiosa e o diálogo inter-religioso na vida e missão da Igreja.

São três documentos, cada um com seu conteúdo, objetivos e métodos próprios. Isso especifica a natureza da reflexão, do diálogo e da ação proposta em cada um desses textos conciliares. Enquanto o Decreto *Unitatis Redintegratio* trata exclusivamente da unidade cristã e a Declaração *Nostra Aetate* do diálogo inter-religioso, a Declaração *Dignitatis Humanae*, por sua vez, serve para ambos, pois, ao afirmar a liberdade religiosa como direito de todos, a DH está tratando do pluralismo eclesial e religioso, ao mesmo tempo em que apresenta a necessidade, as exigências e a afirmação dos princípios do diálogo constantes nos outros dois documentos.

Nesses documentos, o Concílio afirma a verdade da Igreja em uma de suas dimensões fundamentais: diálogo, relação, cooperação, comunhão. Como ícone da Trindade, a Igreja é essencialmente comunhão. E aprofunda a consciência de si mesma à medida que aprofunda a relação *ad intra* e *ad extra*. A comunhão *ad intra* não fecha a Igreja em si mesma, mas a abre para realidades que enriquecem a sua comunhão interna, oriundas do mundo no qual a Igreja se situa, das outras Igrejas e das religiões com as quais estabelece relação. Assim, a verdade da Igreja manifesta-se para si mesma e para os outros como verdade relacional. A Igreja não quer apenas transmitir a sua verdade para os outros. Quer dialogar sobre ela e a partir dela.

Mas é preciso perguntar: essa dimensão dialógica, relacional da Igreja do Concílio Vaticano II, tem expressão em todas as instâncias da Igreja hoje? Qual a convicção do diálogo na Igreja?

Não é difícil constatar que, não obstante as orientações conciliares, a convicção do diálogo mostra-se fragilizada na Igreja de nossos dias. A preocupação com a cultura do tempo, marcada pelo individualismo e subjetivismo, relativismo e indiferentismo, faz a Igreja temer a perda de referências seguras na identidade católica. Aqui e acolá são assumidas posições doutrinais, espirituais e pastorais com implicações nem sempre oportunas na relação da Igreja com o mundo, com as outras Igrejas e com as religiões. Emergem no interior da Igreja teologias, espiritualidades e práticas pastorais que comprometem o diálogo. Distanciados do Concílio Vaticano II, não se tem claro o diálogo como método e conteúdo, como propunha o Papa Paulo VI. Em questões controvertidas, o Vaticano II não é considerado ponto de partida, mas de chegada. A verdade não é meta a ser buscada no presente e no futuro. Desse modo, para muitos a afirmação da identidade eclesial católica torna-se fixa, se dá em si e por si mesma, não é relacional. Um cristão católico hoje parece ter muito pouco (ou nada) a aprender de um cristão de outra tradição eclesial ou de um membro de outra religião. O medo da perda de identidade e de fiéis leva a compreender o diálogo como um risco para a integridade da fé. A Igreja pode tornar-se uma ilha institucional, doutrinal, espiritual.

É fácil perceber como isso dificulta o diálogo na Igreja, sobretudo o ecumênico e o inter-religioso. Na doutrina, na reflexão teológica, na espiritualidade e na pastoral, quase nada se considera dos resultados do diálogo ecumênico e inter-religioso. Oficialmente, a Igreja pertence a organismos ecumênicos, mas seus fiéis sequer têm conhecimento disso. Ignoram-se com facilidade as orientações oficiais da Igreja sobre a formação ecumênica nos institutos de teologia e na vida dos agentes de pastoral,[1] sobre a dimensão ecumênica da evangelização, sobre o método ecumênico no modo de expor as verdades católicas (UR 11). Os resultados positivos do trabalho das comissões de diálogo não têm recepção na vida da Igreja. Por isso tudo, vigoram desconhecimento, preconceitos e conflitos na relação de católicos com membros de outras igrejas e religiões.

Dialogar é peregrinar na verdade

O pluralismo cultural, religioso e eclesial apresenta a questão da verdade: como discerni-la? Como pronunciá-la? Quem possui autoridade para isso? E a questão não é apenas se a verdade é única e se a Igreja a possui "em sua plenitude". A questão mais contundente é se a unicidade da verdade está também em sua expressão ou se ela pode ter diferentes formas de se manifestar. Os documentos conciliares que aqui apresentamos inovam ao reconhecer que a doutrina da Igreja não esgota nem encerra em si mesma a compreensão e a expressão da verdade sobre Deus, sobre o sentido da vida, sobre a salvação. Ela reconhece que elementos da verdade cristã que ela crê e professa estão para além dela mesma, constituindo a fé de muitos cristãos que estão além das fronteiras do catolicismo; e a

---

[1] PONTIFÍCIO CONSELHO PARA A PROMOÇÃO DA UNIDADE DOS CRISTÃOS, A dimensão ecumênica na formação dos que trabalham no ministério pastoral. São Paulo: Paulinas, 1998.

verdade e a santidade que ela busca são vividas também por muitos crentes em Deus que estão além das fronteiras do cristianismo. Isso significa que não existem expressões isoladas da verdade, completas ou perfeitas em si mesmas. A veracidade, a autenticidade e a catolicidade da verdade podem comportar diferentes formas de manifestação, como "multiforme graça de Deus" (1Pd 4,10). E as diferentes expressões da verdade podem se complementar e se enriquecer. E somente à medida que a Igreja afirma-se no diálogo é que pode experimentar esse enriquecimento.

Para isso é fundamental à Igreja entender-se peregrina na verdade. Por essa razão, os documentos aqui apresentados não temem em propor à Igreja a busca de "reforma", mudança, em tudo o que for necessário para que ela possa melhor viver a fidelidade à sua natureza e vocação (UR 6) em cada tempo e contexto.

Exigências da realidade plural

Constatamos que o pluralismo é uma realidade da religiosidade do mundo atual. Ele apresenta alternativas dentro da experiência do sagrado, caminhos a serem seguidos em busca do sentido da vida pessoal, social e cósmica. Reconhecer a experiência do sagrado em uma religião é reconhecer a possibilidade de sentido que essa religião oferece aos seus membros. O pluralismo das religiões não é algo problemático ou um mal a eliminar. É uma atitude de abertura aos dons que Deus oferece à humanidade. É aceitação da riqueza multiforme do próprio Deus.

É preciso discernir as interpelações e o significado do pluralismo eclesial e religioso para a compreensão do Evangelho e da Igreja. Essas interpelações e significados podem ser recebidos com resistência e temor, mas também como exigência de aproximação, convivência e cooperação. Nesse contexto, manifestam-se o diálogo na Igreja e a Igreja do diálogo. Buscam-se a comunhão na diversidade e a relação com as manifestações plurais do nosso tempo. Essa relação permite o discernimento sobre: (a) as expressões de vivências legítimas da graça e sinais do Reino; (b) os fatores de contradição do Evangelho e de divisão do Povo de Deus; (c) as interpelações à consciência do ser Igreja hoje.

Fundamental é compreender que o pluralismo cultural, eclesial e religioso não é necessariamente um problema para a vivência da fé, e nem sempre é manifestação de divisão do Povo de Deus. Ele tem elementos de positividade quando se apresenta como modos diferenciados, mas sinceros e legítimos, de compreensão e de abertura a Deus. Na busca de Deus, não se pode desvalorizar sem mais as diferentes modalidades de vivência religiosa. No meio cristão, muitas vezes tais diferenças dizem respeito ao "modo" e não ao "conteúdo" da fé, e nesse sentido não implicam, necessariamente, contradição ou divisão. Afirmam os bispos no DAp: "O que hoje está em jogo não é a diversidade [...]. O que ninguém esquece é, pelo contrário, a possibilidade de que essa diversidade possa convergir em uma síntese que, envolvendo a variedade de sentidos, seja capaz de projetá-la em um destino histórico comum" (n. 43). Assim, as diferenças no modo de viver a fé no interior de uma mesma tradição eclesial não anulam a fidelidade a essa tradição, não sendo tal diferença necessariamente um fator desintegrador da comunhão.[2]

---

[2] E deve-se compreender que o dissenso em relação a algum dos elementos formais da comunhão não significa, necessariamente, ausência de comunhão. Se assim fosse, a comunhão tolheria o espaço da liberdade e da

Igualmente, as diferenças existentes entre os grupos religiosos não significam, em si mesmas, oposição. São, antes, exigência de diálogo para a compreensão e o respeito mútuos, bem como a busca das convergências possíveis que embasam a abertura ao Mistério que a todos envolve.

Portanto, exigência fundamental para o diálogo é a compreensão da realidade, caracterizada pelos bispos latino-americanos como "plural, diferenciada e globalizada" (DAp 345). É a vivência do Evangelho no contexto do pluralismo que apresenta as condições e as exigências do diálogo. Ali emergem os elementos que constituem a natureza do diálogo, suas motivações, seu método, seus objetivos e seus horizontes. Ali aparecem os interlocutores da Igreja e se formam os agentes do diálogo.

Num contexto plural, o melhor modo de ser Igreja é relacional, dialógico, comunional. A Igreja não se situa "diante" do pluralismo sociocultural-religioso, mas no seu interior. Ela sente-se pertencente à sociedade plural do seu tempo, sendo também por ela configurada em suas expressões históricas. Não existe a Igreja "aqui" e a sociedade plural "lá", geograficamente distanciadas. Existe o espaço social plural no qual a Igreja se situa. Ou ela manifesta-se concretamente nesse espaço ou é uma entidade abstrata.

Esse fato tem exigências:

1. Compreender que o original da Igreja é a pluralidade, conforme a sua origem trinitária e a multiforme manifestação da graça que nela atua. O uniformismo

---

tolerância. Há uma distinção a ser feita entre comunhão na fé e comunhão eclesiástica. Vinculam-se intrinsecamente, mas formalmente não indicam a mesma coisa. A fé está no horizonte de transcendência em relação ao eclesiástico e o eclesiástico, no horizonte da concretude e mediação da experiência transcendente da fé. Implicam-se mutuamente, mas a fé é mais.

não condiz nem com a natureza da Igreja, nem com a ação do Espírito nela.

2. Favorecer o pluralismo que não seja fragmentação da verdade, mas uma diversidade na comunhão, como "comunhão plural".

3. Evitar o posicionamento de superioridade e de julgamento preconceituoso do meio sociocultural e religioso plural.

4. Realizar uma leitura hierarquizada dos valores que se manifestam no pluralismo cultural, eclesial e religioso, discernindo aqueles condizentes com a verdade evangélica e os que lhe contradizem. As religiões não são iguais, mas cada uma responde do seu modo às necessidades espirituais e culturais das pessoas.

5. Buscar o mútuo enriquecimento e cooperação com a sociedade, as Igrejas e as religiões. A Igreja não atinge a perfeição sozinha, como se nada tivesse a receber dos agentes do seu meio.

6. Evitar toda conciliação fácil que conduza ao irenismo, ou concessão que negue as diferenças em nome do uniformismo.

7. No diálogo ecumênico, isso implica compreender que aquilo que é diferente nos outros exige respeito, mesmo que ainda não seja possível compartilhar da sua posição.

8. No diálogo inter-religioso, exige passar da tolerância à reverência das diferentes formas sinceras de se relacionar com o Mistério.

Elementos para uma agenda comum das religiões

Os documentos aqui analisados impelem à cooperação ecumênica e inter-religiosa. Para tanto, faz-se necessário discernir os sinais dos tempos e detectar as interpelações mais prementes das pessoas e da sociedade para as Igrejas e religiões. Muitas dessas interpelações podem constituir uma agenda comum. A agenda das religiões na atualidade deve desconsiderar a agenda do cotidiano da sociedade. Ela deve ser formada por fatores que traçam os projetos do ser humano na busca de realização da sua existência. Religião e sociedade não são realidades distanciadas, mas estreitamente correlatas. As tradições religiosas contribuem para a ampliação da consciência dos seus fiéis sobre os valores fundamentais da vida, orientando para a convivência pacífica e respeitosa entre povos, culturas e credos. Nesse sentido, eis alguns elementos fundamentais para a agenda das tradições religiosas hoje:

- Afirmar juntas o *valor sagrado da vida humana*, considerando as diferenças na forma de explicitação desse valor. O ser humano é a razão de ser do serviço religioso que as tradições religiosas oferecem ao mundo. Quem crê em Deus e possui uma religião tem compromisso com a promoção e defesa da vida humana. Urge, assim, garantir um efetivo respeito pela dignidade da pessoa e dos seus direitos acima de interesses econômicos, políticos ou mesmo religiosos.

- Apresentar ao mundo o *sentido da existência humana*. A humanidade vive momentos de pessimismo, com sensação de fracasso e desânimo, sobretudo nas situações e ambientes de violência, de guerras, de injustiças. Faz parte da agenda das religiões fortalecer o significado e o valor da vida das pessoas na sociedade, ajudando-as a transcenderem os problemas que lhes afligem no cotidiano, sejam eles de caráter socioeconômico-político, sejam eles de caráter psíquico-espiritual.

- Promover a *educação e a prática do respeito mútuo, do diálogo, da convivência pacífica e da cooperação entre as diferenças* – fundamental no mundo plural em que vivemos. Precisamos trabalhar os diferentes paradigmas religiosos não como um problema, mas, antes, como uma possibilidade para melhor entendermos o mundo dentro de suas inter-relações.

- *Explicitar mais e melhor o que há em comum.* Algumas tradições já condividem muitos valores religiosos, como a fé em um Deus Criador, a compreensão da origem e do fim de cada pessoa, o cultivo da relação com esse Deus e suas consequências na convivência social.

- Viver e fortalecer a *compaixão* para com os mais necessitados, os doentes, os pobres, a solidariedade na família humana e na comunidade religiosa.

- *Afirmar juntas os valores que constroem a paz no mundo.* O Concílio Vaticano II afirma que "A paz não é simples ausência da guerra" (*Gaudium et Spes*, n. 78). A paz é fruto da justiça e da prática da caridade. Todas as tradições religiosas possuem um forte compromisso pela convivência pacífica entre os povos; todos temos o compromisso de desenvolver o sentido da fraternidade e da solidariedade, superando as atuais tendências do consumismo e materialismo que causam violência e morte entre as pessoas e os povos.

- *Promover o valor e o cuidado da criação.* Tomamos conhecimento das ameaças à vida do planeta, como consequência do uso indevido dos recursos naturais, do desmatamento desregrado, do uso de elementos químicos etc. Quando uma religião afirma a existência de um Deus Criador, compromete-se com o cuidado da sua criação.

- Contribuir efetivamente para com as iniciativas ligadas à *construção e promoção da cidadania*. E o faz qualificando a vivência religiosa dos membros da própria tradição, de modo que isso tenha implicações positivas no meio social.

- Modelar novos comportamentos, com *prevalência da ética*, do respeito, da escuta do outro, da tolerância, da diversidade cultural e religiosa, das minorias religiosas, da pluralidade, dos direitos humanos culturais e religiosos. São elementos de uma ética mínima que se deve conquistar, a partir tanto de uma consciência ética secular, como da consciência das grandes religiões que favorecem com sua regra de ouro esta mesma ética.

Decreto
Unitatis Redintegratio – sobre o ecumenismo

O percurso da discussão conciliar

Os dois anos de preparação do Concílio Vaticano II foram de um intenso trabalho que deu origem a 70 esquemas de temas a serem discutidos, dos quais 7 foram enviados aos bispos em meados do ano no qual se iniciou o Concílio: sobre as fontes da revelação, sobre o depósito da fé, sobre a ordem moral, sobre a liturgia, sobre a família, sobre as comunicações sociais e sobre a unidade da Igreja.[1] Como se nota, o ecumenismo aparece já no primeiro grupo dos temas a serem estudados no Concílio.

Na última fase do primeiro período do Concílio, entre os dias 26 e 30 de novembro de 1962, discutiu-se o primeiro esquema sobre a unidade da Igreja, intitulado *Ut Unum Sint*.[2] O texto havia sido preparado pela Comissão para as Igrejas Orientais e, portanto, considerava exclusivamente as relações da Igreja Católica com as Igrejas de tradição Ortodoxa. Por outro lado, o Secretariado para a Unidade dos Cristãos e a Comissão Teológica haviam trabalhado a problemática ecumênica de modo mais amplo. A Comissão Teológica pensava incluir esse tema no documento *De Ecclesia*. Formou-se, então, uma comissão mista para

---

[1] ALBERIGO, G. *História dos Concílios Ecumênicos*. São Paulo: Paulus, 1995. p. 398.

[2] FLICHE, A.; MARTÍN, V. Historia de la Iglesia; el Concilio Vaticano II. In: ROUQUETTE, R. *Historia de la Iglesia*. Valencia: Edicep, 1978. v. XXVIII, p. 314.

tratar do assunto, composta por membros da Comissão de Doutrina, da Comissão para as Igrejas Orientais e do Secretariado para a Unidade. Em 1º de dezembro de 1962, uma forte intervenção do cardeal Bea convenceu a Assembleia de que o esquema devia ser reelaborado de modo a sintetizar os três textos sobre a unidade da Igreja. Durante o primeiro intervalo do Concílio (62/63) o Secretariado para a Unidade, com ajuda da Comissão para as Igrejas Orientais, elaborou novo texto sobre o ecumenismo com apenas três capítulos: (1) os princípios do ecumenismo; (2) a prática do ecumenismo; (3) os cristãos separados da Igreja Católica: (a) as Igrejas Orientais; (b) as Comunidades Eclesiais surgidas a partir do século XVI.

No segundo período do Concílio, no dia 18 de novembro de 1963, aconteceu a discussão do esquema sobre o ecumenismo. Aos três capítulos existentes, foram acrescentados outros dois: o significado do povo judeu na história da salvação e a liberdade religiosa. A parte propriamente ecumênica do texto foi bem acolhida, e orientou as discussões no sentido de abandonar a ideia de unidade entendida como "retorno" a Roma dos cristãos de outras Igrejas. Já os temas relativos ao judaísmo e à liberdade religiosa encontraram fortes resistências. Sobretudo o tema da liberdade religiosa, preparado pelo Secretariado para a Unidade, só foi aprovado pela Comissão Teológica como base de discussão após quase intermináveis negociações. No dia 21 de novembro, o esquema foi aprovado e remetido à comissão de trabalho. Três relatores apresentaram os capítulos: Dom Martín, arcebispo de Rouen, apresentou os três primeiros capítulos; Dom Bukatko, auxiliar de Belgrado, apresentou o capítulo sobre as Igrejas Orientais; o cardeal Bea apresentou o capítulo sobre os judeus.

Finalmente, Dom De Smedt, bispo de Bruges, apresentou o capítulo da liberdade religiosa.

Era evidente a novidade do tema em discussão. De um lado, os padres conciliares desconheciam as questões relativas ao ecumenismo. Fato que se explica pelo distanciamento da Igreja Católica do movimento ecumênico de então. Por outro lado, "o termo 'ecumenismo' foi entendido como o fenômeno generalizado de consciência coletiva que caracteriza nossa época e que consiste essencialmente, por uma parte, em uma tomada de consciência por todas as Igrejas do escândalo da desunião dos cristãos e, por outra, no sentimento do dever que incumbe a todas as comunidades cristãs de buscar o remédio a esse escândalo, em primeiro lugar, mediante um esforço de compreensão mútua e de busca comum".[3]

Contudo, mesmo não estando, até então, a Igreja Católica, institucionalmente presente nas iniciativas ecumênicas, o espírito ecumênico crescia em meios católicos. Teólogos, profissionais, pensadores leigos e ministros ordenados participavam de congressos e conferências, e publicavam textos relativos ao ecumenismo. Note-se que durante esse período aconteceu a III Conferência Mundial de Fé e Ordem, em Lund (1952), a III Assembleia Geral do Conselho Mundial de Igrejas, em Nova Déli (1961), a IV Conferência Mundial de Fé e Ordem, em Montreal (1963), além das reuniões do Comitê Central do Conselho Mundial das Igrejas, em Paris e Rochester. Esses eventos repercutiram de algum modo na reflexão dos padres conciliares.

Os três primeiros capítulos foram acolhidos pela maioria dos padres conciliares como base de discussão,

---

[3] Ibid., p. 315.

com 1.966 votos a favor e 86 contra. Os dois últimos não foram aprovados. A discussão concentrou-se no terceiro capítulo, e ao lado de discussões sólidas apareceram também manifestações de profundo desconhecimento do tema e até mesmo preconceituosas, sobretudo em relação às tradições eclesiais da Reforma. Muitos padres pediram que a elas fosse aplicado o termo Igreja ou *Comunidades Eclesiais*, em razão dos elementos eclesiais em comum. Houve quem solicitasse que fossem considerados nulos os matrimônios entre católicos e protestantes realizados sem a presença de um ministro católico. Houve quem lamentasse que não se tratasse do anglicanismo à parte, e foi solicitado que se considerasse a questão da validez das ordens anglicanas.

Os orientais em comunhão com Roma insistiram na necessidade de respeitar suas estruturas eclesiais, seu pensamento, sua espiritualidade, sua língua, sua liturgia e suas tradições canônicas. Sobre as Igrejas Orientais que não estavam em comunhão com Roma, pediu-se análise da possibilidade da *comunicatio in sacris* e a abolição da disposição canônica que considerava inválidos os matrimônios mistos contraídos diante de um ministro ortodoxo. Durante o terceiro período, determinou-se a disciplina dos matrimônios mistos: a parte católica deve comprometer-se com a educação dos filhos na fé católica; concede-se ao bispo poder para dispensar da forma canônica, aceitando, assim, a validade do matrimônio celebrado diante de um ministro não católico, com a supressão da excomunhão nesses casos.

Também a questão do proselitismo foi tratada, e vários padres pediram que, em terra de missão, católicos e não católicos evitassem a concorrência, sugerindo uma colaboração pastoral sem, contudo, precisar as formas dessa colaboração.

Os moderadores deixaram o debate sem conclusões, nem indicaram elementos para os trabalhos da Comissão. A Comissão fez a necessária revisão do esquema sobre o ecumenismo e o devolveu à Comissão de Coordenação do Concílio no intervalo após o segundo período do Concílio, 63/64. O esquema foi melhorado, o capítulo sobre os judeus foi reduzido a um apêndice, o texto sobre a liberdade religiosa foi mantido e mais precisado. Mais tarde, decidiu-se que os esquemas sobre os judeus e sobre a liberdade religiosa seriam transformados em declarações próprias, e não mais como capítulos do *De Oecumenismo*.

O debate continua

No dia 7 de julho de 1964, os padres foram informados de que logo no início do terceiro período do Concílio trabalhariam sobre o *De Oecumenismo*. No dia 5 de outubro, foi apresentado à congregação geral o esquema que, mesmo com significativo consenso, recebeu quase 2 mil emendas, as quais, obviamente, forçaram a uma reelaboração do texto.

As votações do Decreto por capítulos entre os dias 10 e 14 de novembro de 1964, após a introdução das emendas, apresentaram apenas 47 *non placet* para o capítulo I, 85 para o capítulo II e 82 para o capítulo III. Mas, no dia 19 de novembro de 1964, os padres conciliares foram surpreendidos com a notícia de que o esquema do *De Oecumenismo* recebera 19 modificações. Tratava-se de "sugestões manifestadas com autoridade", porque oriundas do Papa. De fato, o Papa havia sugerido 40 modificações no Decreto, mas os membros do Secretariado, junto com o cardeal Bea e o cardeal Willebrands, retiveram apenas 19. Tais correções foram acolhidas com muita consternação pelos observadores protestantes. Na verdade, elas não provocavam mudanças significativas, tratando-se, muitas vezes, de busca de precisão.[4] Mas havia também alterações que "tendiam a enfraquecer o texto, reduzindo seu alcance ecumênico, com inevitável desilusão não só de muitos bispos mas sobretudo dos observadores".[5] A essa altura, o Decreto corria o risco de não ser aceito na sessão conclusiva dos trabalhos, prevista para o dia 21. Para evitar isso, as alterações deveriam ser acolhidas. Ou essas eram aceitas, ou a assembleia podia recusar todo o esquema. Enfim, o Decreto sobre o ecumenismo *Unitatis Redintegratio* foi aprovado no dia 21 de novembro de 1964, com 2.137 votos favoráveis e 11 votos contrários.

Os observadores

E qual teria sido a reação dos observadores não católicos (168 ao longo do Concílio) sobre o esquema *De Oecumenismo*? Mesmo aceitando o esquema como base de

---

[4] Exemplo: quando o texto reconhecia a ação do Espírito Santo nas Igrejas separadas, a emenda precisava que se trata "da graça" do Espírito Santo. Uma formulação sobre a Ceia protestante causou maior descontentamento, mesmo se não alterava substancialmente o texto anterior. A restrição maior aparecia na passagem: *Spiritu Sancto movente, in ipsis Sacris Scripturis Deum inveniunt sibi loquentem in Christo*, substituída por: *Spiritum Sanctium invocantes, in ipsis Sacris Scripturis Deus inquirunt, quase sibi loquentem in Christo* ["Invocando o Espírito Santo, buscam a Deus na Sagrada Escritura, como aquele que lhes fala por meio de Cristo"]. Alguns entendiam *quase sibi loquentem* como sinônimo de *quase sibi loqueretur*, ou seja, "como se Cristo lhes falasse", o que poderia insinuar que, de fato, Cristo não fala aos protestantes nas Escrituras. Contudo, a nova frase era contrária à anterior porque, em vez de afirmar que os protestantes são movidos em sua meditação da Escritura por uma moção do Espírito Santo, se contentava em dizer que eles o invocam. Em muitas passagens o texto reconhecia a ação da graça do Espírito Santo nas Igrejas separadas. Em vez de dizer que os protestantes "encontram" Deus nas Escrituras, se afirmava que o "buscam". Houve pedidos de mudanças, mas a frase manteve-se por se entender que não se nega que os protestantes "encontram" Deus nas Escrituras. O fato é que todas as emendas propostas, mesmo sem mudanças substanciais, mais restringiam do que ampliavam a compreensão das coisas.

[5] ALBERIGO, *História dos Concílios Ecumênicos*, p. 428.

discussão, os observadores não o consideravam com muito entusiasmo. Reprovaram o tipo de relação que se fazia entre as outras Igrejas e a Igreja Católica, com base na "quantidade" dos elementos de Igreja verificados nelas. Assim, o esquema não representava o resultado de um esforço para compreender os não católicos em sua verdadeira identidade, e isso prejudicava o diálogo. Criticavam um conceito estático de Igreja e a não existência de uma tensão que indica um caminhar juntos rumo à Igreja de Cristo e à unidade.

Além disso, os observadores entendiam que o esquema do *De Oecumenismo* não fazia uma devida leitura dos cismas no mundo cristão e o seu possível significado teológico; não guardava um devido equilíbrio entre a consideração da tradição ortodoxa e o protestantismo; não apresentava o fato ecumênico tal como era, sobretudo no Conselho Mundial das Igrejas, onde se manifestava aceitação mútua entre ortodoxos e protestantes e buscava-se sinceramente uma unidade entendida por todos como ainda em construção. Em contrapartida, o esquema apresentava a Igreja Católica como centro de referência para a unidade, e tal era a principal dificuldade em aceitá-lo. O catolicismo manifestava sérias dificuldades para aceitar que outras Igrejas realizassem, em graus diversos, a Igreja perfeita, tal como propusera a então recente assembleia de Montreal (1963). Isso porque possuía uma compreensão predefinida sobre comunhão perfeita, sem a abertura ao futuro na mesma confiança das outras Igrejas. Enfim, os observadores rejeitaram o esquema considerando-o confuso e sem condições de esclarecer as dificuldades e as divergências entre as Igrejas.[6]

---
[6] FLICHE; MARTÍN, *Historia de la Iglesia*, p. 318.

Análise do *Unitatis Redintegratio*

Desde os primeiros esquemas de discussão, o *De Oecumenismo* não é uma simples exortação dirigida aos católicos sobre o valor do ecumenismo. É verdade que inicialmente ele não apresentava uma teologia ecumênica e nem mesmo propunha medidas muito concretas que faziam progredir a causa ecumênica. Mas no andar da discussão o documento se desenvolve e acaba por sinalizar um novo espírito na mentalidade, na espiritualidade, na ação pastoral, na autoconsciência católica. Trata-se de um novo modo de compreender o cristianismo como um todo. Não mais se afirma a unidade pelo retorno; há o reconhecimento de culpas pela situação de divisão dos cristãos; há o reconhecimento de elementos comuns entre a Igreja Católica e as demais Igrejas; assume-se o valor da oração, do diálogo e da cooperação entre as Igrejas como imprescindível para a busca da unidade.[1]

Evidentemente, esse espírito de renovação na Igreja não dependeu apenas de sua acolhida dos ideais da unidade cristã. Ele foi alimentado pelo movimento bíblico e litúrgico, pelas novas formas de vida religiosa, pela nova espiritualidade, pela consciência eclesial dos cristãos leigos.

---

[1] Esse novo espírito havia sido já apresentado por De Smedt em sua intervenção no dia 19 de novembro de 1962, durante o primeiro período do Concílio, e por Dom Martín, na apresentação dos três primeiros capítulos do esquema, no dia 19 de novembro de 1963 (FLICHE; MARTÍN, *Historia de la Iglesia*, p. 315).

O Decreto *Unitatis Redintegratio* considera as especificidades das Igrejas Orientais e das Igrejas oriundas da Reforma, o que não permite que todas recebam a mesma ênfase teológica. Isso exige, consequentemente, um método específico no diálogo com cada uma. Com relação às Igrejas Orientais, o Decreto destaca os elementos comuns, como a fé, a origem apostólica, o episcopado, os sacramentos e a Eucaristia. O conceito de *koinonia* mostra a natureza do vínculo que entre elas existe, como Igrejas-irmãs, unidas pela mesma Eucaristia, pela fé comum, pela caridade, mesmo sem vínculos jurídicos. Cada Igreja possui sua própria disciplina, que remonta à antiguidade. Há complementaridade entre as formulações teológicas do Oriente e do Ocidente. O mesmo pode-se dizer na espiritualidade. Assim, o Decreto afirma que, no caso de uma unidade plena entre Oriente e Ocidente, não se deve exigir mais que o estritamente necessário. E que, nesse caso, a função do bispo de Roma deveria ser a mesma desenvolvida na Igreja antiga: presidir na caridade, como afirmam Inácio de Antioquia e Irineu de Lião, entre outros.

Em relação às comunidades surgidas da Reforma, o esquema não lhes denomina "Igreja". Existe o reconhecimento da revelação de Deus em Cristo, mas com o risco de negar a mediação essencial da Igreja. Tal compreensão não é sem tensões, embora o protestantismo da época do Concílio, como o de nossos tempos, não possa ser considerado como um bloco único. O Decreto reconhece a eclesialidade das comunidades protestantes pela presença nelas de elementos da Igreja de Cristo, a veneração das Escrituras, a fé na divindade de Cristo e na Trindade, o sacramento do Batismo, o culto. Nos primeiros esquemas, nada dizia sobre a Ceia Eucarística protestante, mas a redação final deixou claro que ali é transparente o valor do memorial da morte e ressurreição de Cristo. Mesmo que inicialmente buscasse considerar mais os indivíduos do que as comunidades protestantes, o Decreto reconhece nestas a existência de meios da graça e de salvação que servem à ação de Cristo e do Espírito Santo.

Ecumenismo e renovação da Igreja

O Concílio propôs uma nova imagem da Igreja, em sua autoconsciência e em sua expressão, como bem afirmou o Papa Paulo VI em sua primeira encíclica: "Vivemos a hora de a Igreja aprofundar a consciência de si mesma, meditar sobre o seu mistério, investigar para sua instrução e edificação a doutrina, que já lhe é conhecida e foi elaborada e difundida de modo especial neste último século, sobre a sua origem, natureza, missão e destino" (*Ecclesiam Suam*, 3). Essa consciência é atingida por um processo de *renovação contínua* (LG 8; UR 6; UUS 15-17), tanto no plano ontológico quanto no plano estrutural. Isso a torna mais fiel à identidade que Cristo lhe conferiu, superando as cristalizações históricas. Como ensina o Decreto UR, a renovação da Igreja "consiste essencialmente numa maior fidelidade à própria vocação" (UR 6). Esse é também o objetivo do ecumenismo: renovar a Igreja, ajudando-a no aprofundamento da sua autoconsciência, a re-compreender-se para reformar-se e reformar-se para reunificar-se.

A Igreja que busca renovação não teme o ecumenismo. Antes, busca-o, consciente de que o ecumenismo corresponde às atuais necessidades da Igreja (UR 4,6), sobretudo a necessidade de comunhão. Há um novo tempo que precisa ser vivido de forma nova. O ecumenismo é um "sinal dos tempos" que impele os fiéis em Cristo ao encontro, ao diálogo e à cooperação mútua. Esse impulso é "graça do Espírito" (UR 1). E, por ele, os distanciados se aproximam, os inimigos se reconciliam, caem os muros da separação (Ef 2,14). Todos têm lugar na Igreja una e única. E, para abrigar a todos, a Igreja renova-se em suas instituições, linguagem, doutrina, espiritualidade. Isso não implica perdas na sua identidade e finalidade. Ao contrário, a renovação é condizente com a busca de fidelidade ao Evangelho, é enriquecimento, atualidade e garantia de futuro para a Igreja.

A nova compreensão de Igreja caracteriza-se, essencialmente, pela sua ecumenicidade. Essa é uma novidade central na Igreja conciliar. Ela é formada por uma nova compreensão do pluralismo eclesial e pela inserção nos caminhos do diálogo, bases para a superação de tendências ao dogmatismo fixista e antidialógico. As afirmações mais significativas do Concílio mostram uma eclesiologia eminentemente relacional, cooperativa, inserida, ecumênica. O ponto fulcral é a compreensão de que a Igreja de Cristo *subsistit in*, ou seja, está presente na Igreja Católica Romana (LG 8), mas sem uma relação de identificação fechada, como se esta pudesse exaurir aquela. Essa nova autoconsciência coloca fim nas interpretações exclusivistas do axioma *extra ecclesiam nulla salus est*, e a Igreja compreende que não é ela o centro do cristianismo e da salvação, mas Cristo e seu Reino. Daqui, outras afirmações teológicas pilares da ecumenicidade da Igreja do Concílio Vaticano II: o valor da Sagrada Escritura na vida e doutrina da Igreja (*Dei Verbum*); a eclesiologia do "Povo de Deus" (LG, cap. II); a compreensão da necessidade de renovação contínua da Igreja em sua existência histórica (LG 8; UR 6); a confissão da cruz de Cristo e seu valor na vida dos cristãos e da Igreja em seu conjunto (LG 8; UR 4; GS 37); a compreensão dos ministérios eclesiásticos como serviços (CD 16; PO); o valor do sacerdócio de todos os batizados (LG 10-11; AA). Esses elementos são alicerces da Igreja "sacramento de comunhão" (LG 1), que se configura como "Povo de Deus" uno e único, não obstante as diferentes modalidades de pertença a ele (LG 14-16). E no conjunto desses ensinamentos é que se entende o Decreto *Unitatis Redintegratio*.

Igreja e ecumenismo: uma relação identitária

Entende-se, assim, que o Concílio confere à Igreja uma identidade ecumênica. A Igreja do Concílio não é solitária. Sua natureza e missão são compreendidas no horizonte da catolicidade que lhe é constitutiva. E isso inclui o diálogo com outras Igrejas (e com as religiões) como algo próprio da sua identidade. Esta identidade manifesta-se *a partir da* e *na* relação com o mundo, com as diversas Igrejas e com as religiões. Isso assegura um substrato comum ao ser "ecumênico" e ser "Igreja".

Desse modo, o ecumenismo amplia a intelecção da natureza e missão da Igreja, desde a sua origem – a Trindade divina (LG 2-4) – até a sua finalidade – o Reino de Deus (LG 5; 48). Ou a Igreja é ecumênica – no sentido de que é o espaço da *koinonia agápica* entre o Pai, o Filho e o Espírito que se extravasa e gera a comunidade histórica do Povo de Deus, o qual se encaminha para o Reino – ou não é a *ekklesía tou Theou*.

Portanto, a relação entre ecumenismo e Igreja não é uma relação qualquer: trata-se de uma relação de identidade. A compreensão teológica de "ecumenismo" vincula-se essencialmente com a compreensão teológica de

"Igreja", visto que ambos indicam a comunhão na fé em Cristo e seu Evangelho. O ecumênico, como condição e expressão da comunhão, é elemento estruturante da identidade eclesial. Tal comunhão articula-se e explicita-se na com-vivência entre os que aceitam a Cristo e seu Evangelho como fundamento da própria existência. Esse fato é o que permite convergências e consensos na linguagem, nos ritos e nas estruturas que envolvem os que com-vivem. À linguagem, aos ritos e às estruturas da com-vivência cabe a missão de funcionarem como canais de expressão de um fundamental elemento constitutivo da comunidade eclesial – a comunhão/o ecumênico.

Logo, não há diferença essencial entre ecumenismo e Igreja. O ser da Igreja é ecumênico, no sentido de que a melhor expressão dos elementos que a constituem acontece no horizonte da *koinonia* que o ecumenismo busca. E isso não como simples "consequência" da articulação e explicitação desses elementos, mas como a "configuração essencial" do ser eclesial. A *koinonia* exige a realização do ecumênico na Igreja.

Eis por que a natureza da Igreja é essencialmente ecumênica. E, à medida que se aprofunda essa convicção, as tensões oriundas dos elementos divergentes nas doutrinas e práticas das diferentes tradições eclesiais são superadas, explorando os elementos convergentes numa eclesiologia dialogal e dialogante em vista da *koinonia*. Isso impõe-se à Igreja como uma exigência de explicitar a dimensão ecumênica da fé.[2] Para tanto, é preciso fortalecer a construção de uma eclesiologia dialogante, na qual concepções dife-

---

[2] No diálogo internacional, o documento mais expressivo nesse esforço foi elaborado pela Comissão de Fé e Constituição, do Conselho Mundial de Igrejas (CMI), *A Confissão da Fé Apostólica* (Conselho Nacional de Igrejas Cristãs do Brasil – Conic, 1993). No Brasil, destaca-se o trabalho da Comissão

rentes da fé cristã se encontram com suas peculiaridades, convergências e divergências, na procura da confissão comum do Evangelho e no cumprimento da mesma missão, como testemunho da unidade desejada pelo Senhor. Identidade e diversidade se exigem e se completam na Igreja de Cristo. Esta será sempre mais do que suas expressões históricas, e estas expressões devem sinalizar o Corpo de Cristo, como sinal-sacramento da comunhão; deve despertar para uma consciência vigilante para explorar as possibilidades de diálogo que explicitam uma compreensão comum sobre os modos de integração de todos os cristãos numa só *koinonia* eclesial.

A participação efetiva no movimento ecumênico

A partir da consciência acima apresentada, a Igreja participa e promove o movimento ecumênico como expressão de sua própria fé em Deus, sua natureza e sua identidade, ao mesmo tempo em que busca entender a fé, a natureza e a identidade das outras Igrejas. As duas décadas logo após o Concílio foram profícuas na inserção do catolicismo no diálogo ecumênico.

Os Papas deram o exemplo. Durante os nove anos em que foi visitador apostólico na Bulgária (1925-1934), o bispo Angelo Roncalli (depois Papa João XXIII) buscou realizar uma "missão de paz" nas relações com muçulmanos, a maioria ortodoxa e a minoria católica de rito latino e oriental. Em 1927, visitou o patriarca de Constantinopla, Basílio III, acreditando que a unidade exige "a caridade [...] mais do que a discussão teológica". Depois, como delegado apostólico na Grécia e Turquia (entre 1934 e 1944) e

---

Teológica do Conselho Nacional de Igrejas Cristãs do Brasil, *Caminhando juntos na fé comum* (São Paulo, 1984).

como núncio em Paris (1944-1953) continuou o esforço de boas relações com as diferentes Igrejas e religiões. Apenas três meses após ter sido eleito Papa, em 1958, João XXIII anunciou um Concílio que teria o ecumenismo como uma das suas intenções centrais. Em 1960, o mesmo Papa criou o *Secretariado para a Unidade dos Cristãos*, convidou observadores ortodoxos, anglicanos e protestantes para o Concílio Vaticano II, aprovou a presença de uma delegação de católicos romanos na assembleia do Conselho Mundial de Igrejas em Nova Déli (1961) e retirou as expressões antissemitas da liturgia da Sexta-Feira Santa.

Como sucessor de João XXIII, o Papa Paulo VI deu continuidade ao Concílio Vaticano II, intensificando os esforços pela justiça e pela paz entre os povos e pela unidade dos cristãos. Por entender a divisão como um dos "mais graves problemas" do cristianismo e da humanidade, estabeleceu contatos com os líderes eclesiásticos protestantes, anglicanos e ortodoxos, visitou organismos ecumênicos (como o Conselho Mundial de Igrejas, em 1969), enfatizou a responsabilidade ecumênica dos bispos católicos romanos e incentivou as semanas de oração pela unidade dos cristãos. A primeira encíclica do Papa Paulo VI, *Ecclesiam Suam* (1964), foi o *primeiro* documento da Igreja Católica Romana a colocar o diálogo no centro da autoconsciência eclesial e da tarefa evangelizadora. Aqui, o diálogo intereclesial aparece no contexto do diálogo com as religiões e com o mundo. O mesmo Papa confirmou esses três horizontes do diálogo (ecumênico, inter-religioso e cultural) nos documentos conciliares, especificamente *Unitatis Redintegratio, Orientalium Ecclesiarum, Nostra Aetate, Ad Gentes* e *Gaudium et Spes*.

Na mesma direção segue João Paulo II, ao afirmar que os cristãos devem "professar juntos a mesma verdade sobre a Cruz" (UUS 1).³ O próprio Papa se propõe a *"promover todo e qualquer passo útil* [...] para que a unidade dos cristãos cresça até chegar à plena comunhão" (UUS 2), afirmando que a causa da unidade "é um compromisso bem próprio do Bispo de Roma" (UUS 4).

O Papa Bento XVI afirmou em seu primeiro discurso de 20 de abril de 2005 aos cardeais eleitores: "Com plena consciência, no início do seu ministério na Igreja de Roma, na qual Pedro derramou o seu sangue, o atual Sucessor assume como compromisso primário o de trabalhar sem poupar energias na reconstituição da plena e visível unidade de todos os seguidores de Cristo. Esta é a sua ambição, este é o seu impelente dever. Ele está consciente de que para isso não são suficientes as manifestações de bons sentimentos. São necessários gestos concretos que entrem nos corações e despertem as consciências, enternecendo cada um àquela conversão interior que é o pressuposto de qualquer progresso pelo caminho do ecumenismo".⁴

E isso não é apenas um discurso ou mera exortação sem consequências. A orientação ecumênica da Igreja tem efeitos práticos. Nos anos posteriores ao Concílio, foram criadas várias Comissões Bilaterais de Diálogo com diferentes Igrejas; a Igreja Católica participa ativamente de diversos projetos do Conselho Mundial de Igrejas; envolve-se decididamente no diálogo teológico articulado pelo Departamento de Fé e Constituição deste Conselho; publicou um Diretório Ecumênico que orienta a organização da ação ecumênica dos fiéis católicos nos níveis diocesano,

---

³   Utilizo aqui a tradução portuguesa da carta encíclica de JOÃO PAULO II. *Ut Unum Sint*. Lisboa: Rei dos Livros, 1996.

⁴   Essa afirmação foi repetida pelo Papa Bento XVI no discurso de abertura da Conferência dos Bispos Latino-Americanos e Caribenhos, em Aparecida, no ano de 2007, e entrou na redação do número 234 do Documento Final.

nacional e regional. A Igreja Católica participa hoje de 70 dos 120 Conselhos Nacionais de Igrejas, de três Conselhos Regionais de Igrejas, e integra 16 Comissões de diálogo bilateral.

Os frutos do diálogo

Esses fatos mostram a profundidade das transformações ocorridas na relação da Igreja romana com as demais Igrejas. O rosto católico romano passou a ser um "rosto de irmão"[5] para elas, e vice-versa. Os cristãos separados não mais se consideram estranhos, concorrentes ou inimigos, mas "irmãos" e "irmãs", linguagem desconhecida há até bem pouco tempo.

Em sua encíclica sobre o ecumenismo, o Papa João Paulo II reconhece que é a "primeira vez na história que a ação em prol da unidade dos cristãos assumiu proporções tão amplas e se estendeu a um âmbito tão vasto" (UUS 41). O mesmo Papa reconhece também como "frutos do diálogo": a fraternidade reencontrada pelo reconhecimento do único Batismo e pela exigência que Deus seja glorificado na sua obra; a solidariedade no serviço à humanidade; convergências na palavra de Deus e no culto divino; o apreço mútuo dos bens nas diferentes tradições eclesiais; o reconhecimento de que "aquilo que une é mais forte do que o que divide" (UUS 20, 41-49).

Esses frutos permitem elencar cinco aspectos de crescimento nas relações ecumênicas: (a) nas relações dos dirigentes das Igrejas, existe a localização de pontos de encontro e mútua procura de avizinhamento e diálogo;

---

[5] ALTMANN, W. De que maneira os protestantes entendem a contribuição dos católicos romanos no Brasil. In: MATEUS, O. P. (org.). *Teologia no Brasil*; teoria e prática. São Paulo: Aste, 1985. p. 199.

(b) no nível teológico-doutrinal, chegou-se a importantes convergências e consensos sobre vários elementos da fé cristã e eclesial;[6] (c) nas comunidades dos fiéis, cresce o convívio entre cristãos de diferentes confissões, vencendo--se preconceitos e hostilidades; (d) no campo pastoral, a cooperação ecumênica é realidade em muitos ambientes; (e) cresce a sensibilidade ecumênica na espiritualidade.

O catolicismo romano não é mais o mesmo desde que se integrou nos caminhos ecumênicos. No campo eclesiológico, há espaço para desenvolver a ecumenicidade do ser da Igreja, tanto no plano da interioridade quanto no plano da ação. O ecumênico penetra na consciência e na prática da Igreja, não como "acessório ou apêndice", mas como sua própria "essência" (UUS 9, 20). Trata-se de uma tensão à comunhão de todos os cristãos: não mais uns contra os outros (escândalo); não uns sem os outros (deserção); nem mais uns caminhando paralelamente aos outros (divisão). Trata-se de uns *com* os outros e uns *para* os outros. O acento está no fato de os cristãos serem não "separados" mas sim "irmãos". O próprio Concílio foi um exemplo desse "estar com" o outro, pela presença dos observadores ortodoxos, protestantes e anglicanos. Os documentos conciliares mostram a nova visão que a Igreja tem de si mesma, das diferentes Igrejas, das religiões e do mundo partindo do *esse-ad* que lhe é constitutivo. Esses documentos são os pontos cardeais do Concílio e são também o método e a hermenêutica da compreensão do ecumenismo na Igreja Católica Romana.

---

[6] Exemplos: com os ortodoxos, foi alcançado um amplo consenso na doutrina trinitária (cristologia e pneumatologia); com a Comunhão Anglicana avança o diálogo sobre a autoridade na Igreja; com os metodistas, foi alcançado um acordo sobre a tradição apostólica; com a Federação Luterana Mundial, foi alcançado um "consenso diferenciado" sobre a doutrina da justificação.

Passos para continuar no caminho

Esses elementos mostram a mudança na Igreja Católica em relação ao movimento ecumênico. O Concílio é a razão dessa mudança, apresentando um novo modo de a Igreja ser, configurada por uma identidade relacional e sem os exclusivismos ou ares de autossuficiência que a caracterizavam até então. Infelizmente, a recepção das orientações ecumênicas do Concílio não penetrou em todos os espaços eclesiásticos. Na atualidade, fatores conjunturais do catolicismo freiam consideravelmente o impulso ecumênico do Concílio e muitos pronunciamentos e gestos ecumênicos significativos até então realizados parecem perder força e visibilidade.

Isso exige revisitar o Concílio Vaticano II e reconhecer sua intrínseca vinculação com o ecumenismo. A partir de então, é preciso reafirmar o empenho ecumênico da comunidade católica, estreitando o diálogo com as outras Igrejas e a participação nas iniciativas ecumênicas locais. Exige assumir de modo efetivo o compromisso com os organismos ecumênicos dos quais a Igreja Católica é membro, fortalecendo o compromisso com a unidade dos cristãos a partir do desenvolvimento de capacidades novas para se relacionar, estabelecer compromissos, construir consensos, coordenar ações e partilhar recursos sobre bases organizacionais, administrativas e operativas explícitas e transparentes. Há uma prática a ser definida que seja simultaneamente eclesial e ecumênica, criando uma visão ecumênica como princípio de vida, radicada na vivência comunitária da fé.

Dentre os passos mais urgentes a serem dados no caminho ecumênico, destacam-se: (1) intensificar a recepção dos resultados do diálogo entre as Igrejas e organismos ecumênicos, tanto no nível da informação quanto da circulação, como um processo de assimilação vital, urgente e necessária; (2) organizar a vida das comunidades num verdadeiro "espírito" e "método" ecumênicos, na pastoral, na espiritualidade, na catequese, nas instituições e estruturas; (3) acreditar e investir no diálogo que acontece pelos organismos e comissões, a partir do respeito das recíprocas identidades e tradições; (4) buscar com sinceridade a reconciliação evangélica, demonstrando sincera abertura para compreender a teologia e a prática das "Igrejas-irmãs"; (5) investir em "estruturas ecumênicas", como as comissões diocesanas, regionais e nacionais; (6) investir na "formação ecumênica", tanto dos ministros ordenados quanto das comunidades dos fiéis; (7) ter claro os horizontes do diálogo, estabelecendo metas a serem atingidas, sobretudo nos horizontes doutrinal, pastoral e espiritual.

O Decreto UR é apenas um "ponto de partida" no caminhar ecumênico dos cristãos católicos. Há muito caminho a ser feito para atingir a meta do reconhecimento mútuo entre todos os cristãos na una e única Igreja de Cristo. No contexto da eclesiologia conciliar, é preciso tomar a sério o ecumenismo do mesmo modo que se toma a sério a Igreja, fazendo com que o ecumenismo se torne um fato eclesial, ou seja, envolva a Igreja como um todo, para que a Igreja seja, por sua vez, uma realidade ecumênica.

Texto e comentário
Decreto *Unitatis Redintegratio* sobre o ecumenismo

O Decreto *Unitatis Redintegratio* estabelece, em três capítulos, as bases doutrinais e orientações pastorais para o ecumenismo na Igreja Católica: (a) "Princípios católicos do ecumenismo" (2-4); (b) "Prática do ecumenismo" (UR 5-12), dando força sobretudo ao ecumenismo espiritual (UR 8-9) e à cooperação (UR 12); (c) "Igrejas e Comunidades Eclesiais separadas da Sé Apostólica Romana", buscando maior compreensão e relacionamento entre os cristãos, estabelecendo considerações diferentes entre as Igrejas do Oriente (UR 14-18) e as do Ocidente (UR 19-23).

O Decreto afirma ser a busca da unidade entre todos os cristãos um dos objetivos principais do Concílio Vaticano II (**UR 1**). Os padres conciliares manifestam a consciência de que "Cristo Senhor fundou uma só e única Igreja" a qual, infelizmente, vive hoje em um estado de divisão que "contradiz abertamente a vontade de Cristo, e é escândalo para o mundo, como também prejudica a santíssima causa da pregação do Evangelho" (**UR 1**). Contudo, Deus mesmo infunde em muitos cristãos o desejo de união, originando um movimento que "por moção da graça do Espírito Santo" busca restaurar a unidade dos cristãos. A Igreja do Concílio Vaticano II compromete-se a participar desse movimento, orientando os fiéis católicos quanto aos "meios, os caminhos e as formas" como cada um pode contribuir para o restabelecimento da unidade cristã na história.

Proêmio

Natureza do movimento ecumênico

1. Promover a restauração da unidade entre todos os cristãos é um dos principais propósitos do sagrado Concílio Ecumênico Vaticano II. Pois Cristo Senhor fundou uma só e única Igreja. Todavia, são numerosas as Comunhões cristãs que se apresentam aos homens como a verdadeira herança de Jesus Cristo. Todos, na verdade, se professam discípulos do Senhor, mas têm pareceres diversos e caminham por rumos diferentes, como se o próprio Cristo estivesse dividido.[1] Esta divisão, porém, contradiz abertamente a vontade de Cristo, e é escândalo para o mundo, como também prejudica a santíssima causa da pregação do Evangelho a toda a criatura.

   O Senhor dos séculos, porém, prossegue sábia e pacientemente o plano de sua graça a favor de nós pecadores. Começou ultimamente a infundir de modo mais abundante nos cristãos separados entre si a compunção de coração e o desejo de união. Por toda parte, muitos homens sentiram o impulso desta graça. Também surgiu entre os nossos irmãos separados, por moção da graça do Espírito Santo, um movimento cada vez mais intenso em ordem à restauração da unidade de todos os cristãos. Este movimento de unidade é chamado ecumênico. Participam

---

[1] Cf. 1Cor 1,13.

dele os que invocam Deus Trino e confessam a Cristo como Senhor e Salvador, não só individualmente mas também reunidos em assembleias. Cada qual afirma que o grupo onde ouviu o Evangelho é Igreja sua e de Deus. Quase todos, se bem que de modo diverso, aspiram a uma Igreja de Deus una e visível, que seja verdadeiramente universal e enviada ao mundo inteiro, a fim de que o mundo se converta ao Evangelho e assim seja salvo, para glória de Deus.

Este sagrado Concílio considera todas essas coisas com muita alegria. Tendo já declarado a doutrina sobre a Igreja, movido pelo desejo de restaurar a unidade de todos os cristãos, quer propor a todos os católicos os meios, os caminhos e as formas com que eles possam corresponder a esta vocação e graça divina.

Capítulo I
Princípios católicos do ecumenismo

Unidade da Igreja

2. Nisto se manifestou a caridade de Deus para conosco, em que o Filho unigênito de Deus foi enviado ao mundo pelo Pai a fim de que, feito homem, desse nova vida pela Redenção a todo o gênero humano e o unificasse.[1] Antes de se imolar no altar da cruz como hóstia imaculada, rogou ao Pai pelos que creem, dizendo: "Para que todos sejam um, como tu, Pai, em mim e eu em ti; para que sejam um em nós, a fim de que o mundo creia que tu me enviaste" (Jo

---

[1] Cf. 1Jo 4,9; Cl 1,18-20; Jo 11,52.

A Igreja é una e única: o primeiro princípio é o reconhecimento da "unidade e unicidade da Igreja" como vontade divina. Cristo, sendo um só, fundou uma só Igreja, e isto está nos projetos do Pai de redimir e unir todo o gênero humano (**UR 2**). A unidade da Igreja está no coração de Jesus, expressada na oração de Jo 17,21: "Que todos sejam um". Ela centra-se no sacramento da Eucaristia, que tanto "significa" quanto "realiza" a unidade (**UR 2**), tem expressão na comunidade pela vivência do mandamento do amor, e se sustenta pela ação do Espírito enviado sobre os discípulos como "princípio da unidade da Igreja".

17,21). Na Sua Igreja instituiu o admirável sacramento da Eucaristia, pelo qual é tanto significada como realizada a unidade da Igreja A Seus discípulos deu o novo mandamento do mútuo amor[2] e prometeu o Espírito Paráclito,[3] que, como Senhor e fonte de vida, com eles permanecesse para sempre.

Suspenso na cruz e glorificado, o Senhor Jesus derramou o Espírito prometido. Por Ele chamou e congregou na unidade da fé, esperança e caridade o Povo da nova Aliança, que é a Igreja, como atesta o Apóstolo: "Só há um corpo e um espírito, como também fostes chamados numa só esperança da vossa vocação. Só há um Senhor, uma fé, um Batismo" (Ef 4,45). Com efeito, "todos quantos fostes batizados em Cristo, vos

---
[2] Cf. Jo 13,34.
[3] Cf. Jo 16,7.

Assim, unidos em uma só fé, uma só esperança e caridade, os cristãos são chamados a formar uma só Igreja, pois "Há um só corpo e um só Espírito, assim como é uma só a esperança da vocação a que fostes chamados; há um só Senhor, uma só fé, um só batismo" (Ef 4,4-5). Nessa Igreja, o ministério de ensinar, governar e santificar foi confiado ao conjunto dos apóstolos, dentre os quais encontra-se Pedro com uma peculiar responsabilidade sobre os demais. É uma responsabilidade não de poder mas sim de "governo no amor" (**UR 2**), como serviço de confirmar na fé e zelar pela unidade de todos os discípulos do Mestre.

A Igreja cresce na unidade pela confissão da mesma fé, a celebração do mesmo culto divino e a fraterna concórdia, que a torna "sinal levantado entre as nações" para comunhão e reconciliação, tendo como modelo e princípio o Deus Triuno, o Pai, Filho e Espírito Santo (**UR 2**).

revestistes de Cristo [...]. Pois todos sois um em Cristo Jesus" (Gl 3,27-28). O Espírito Santo habita nos crentes, enche e rege toda a Igreja, realiza aquela maravilhosa comunhão dos fiéis e une a todos tão intimamente em Cristo, que é princípio da unidade da Igreja. Ele faz a distribuição das graças e dos ofícios,[4] enriquecendo a Igreja de Jesus Cristo com múltiplos dons, "a fim de aperfeiçoar os santos para a obra do ministério, na edificação do corpo de Cristo" (Ef 4,12).

Para estabelecer esta Sua Igreja santa em todo o mundo até à consumação dos séculos, Cristo outorgou ao colégio dos doze o ofício de ensinar, governar e santificar.[5] Dentre eles, escolheu Pedro, sobre quem, após a profissão de fé, decidiu edificar a Sua Igreja. A ele prometeu as chaves do reino dos céus[6] e, depois da profissão do seu amor, confiou-lhe a tarefa de confirmar todas as ovelhas na fé[7] e de apascentá-las em perfeita unidade,[8] permanecendo eternamente o próprio Cristo Jesus como pedra angular fundamental[9] e pastor de nossas almas.[10]

Jesus Cristo quer que o Seu Povo cresça mediante a fiel pregação do Evangelho, administração dos sacramentos e governo amoroso dos Apóstolos e dos seus sucessores, os Bispos, com a sua cabeça, o sucessor de Pedro, sob a ação do Espírito Santo; e vai aperfeiçoando a sua comunhão na unidade: na

---

[4] Cf. 1Cor 12,4-11.
[5] Cf. Mt 28,18-20; Jo 20,21-23.
[6] Cf. Mt 16,19; Mt 18,18.
[7] Cf. Lc 22,32.
[8] Cf. Jo 21,15-17.
[9] Cf. Ef 2,20.
[10] Cf. 1Pd 2,25; I Conc. Vatic., Const. *Pastor Aeternus*: Coll. Lac. 7, 482 a.

confissão duma só fé, na comum celebração do culto divino e na fraterna concórdia da família de Deus.

Assim a Igreja, a única grei de Deus, como um sinal levantado entre as nações,[11] oferecendo o Evangelho da paz a todo o gênero humano,[12] peregrina em esperança, rumo à meta da pátria celeste.[13]

Este é o sagrado mistério da unidade da Igreja, em Cristo e por Cristo, realizando o Espírito Santo a variedade dos ministérios. Deste mistério o supremo modelo e princípio é a unidade dum só Deus, o Pai e o Filho no Espírito Santo, na Trindade de pessoas.

Ruptura da unidade da Igreja:
laços de união entre todos os cristãos

3. Nesta una e única Igreja de Deus já desde os primórdios surgiram algumas cisões,[14] que o Apóstolo censura asperamente como condenáveis.[15] Nos séculos posteriores, porém, originaram-se dissensões mais

---

[11] Cf. Is 11,10-12.
[12] Cf. Ef 2,17-18; Mc 16,15.
[13] Cf. 1Pd 1,3-9.
[14] Cf. 1Cor 11,18-19; Gl 1,6-9; 1Jo 2,18-19.
[15] Cf. 1Cor 1,11ss; 11,22.

Relações da Igreja Católica com as demais Igrejas: o Decreto reconhece, com pesar, a existência da divisão na Igreja una e única, "não sem culpa dos homens de um e de outro lado" (**UR 3**). Mas entende que os membros atuais das Igrejas não podem ser responsabilizados pelos motivos de divisões causadas no passado. E a postura da Igreja Católica para com os cristãos não católicos é de "fraterna reverência e amor" (**UR 3**), entendendo-os como "irmãos no Senhor".

amplas. Comunidades não pequenas separaram-se da plena comunhão da Igreja Católica, algumas vezes não sem culpa dos homens de um e de outro lado. Aqueles, porém, que agora nascem em tais comunidades e são instruídos na fé de Cristo não podem ser acusados do pecado da separação, e a Igreja Católica os abraça com fraterna reverência e amor. Pois que creem em Cristo e foram devidamente batizados, estão numa certa comunhão, embora não perfeita, com a Igreja Católica. De fato, as discrepâncias que de vários modos existem entre eles e a Igreja Católica – quer em questões doutrinais e às vezes também disciplinares, quer acerca da estrutura da Igreja – criam não poucos obstáculos, por vezes muito graves, à plena comunhão eclesiástica.

A Igreja Católica reconhece a existência de uma comunhão real com as diferentes tradições eclesiais onde há o Batismo comum, que a todos incorpora no corpo de Cristo e concede igual dignidade cristã. Igualmente, há o reconhecimento da eclesialidade dessas tradições pelos elementos ou bens da única Igreja de Cristo que temos em comum: "a palavra de Deus escrita, a vida da graça, a fé, a esperança e a caridade e outros dons interiores do Espírito Santo e elementos visíveis" (**UR 3**). Assim, as atividades das diferentes tradições eclesiais possuem "sentido e significação no mistério da salvação", produzem a vida da graça nos seus fiéis, de modo que, pela ação do Espírito Santo, são meios de salvação para seus membros.

Mas desentendimentos doutrinais, disciplinares e estruturais sobre a Igreja não permitem que essa comunhão, embora real, seja plena. Por isso, a participação da Igreja Católica no movimento ecumênico torna-se um "imperativo ecumênico", contribuindo para a busca da unidade que Cristo quer para sua Igreja.

O movimento ecumênico visa a superar estes obstáculos. No entanto, justificados no Batismo pela fé, são incorporados a Cristo,[16] e, por isso, com direito se honram com o nome de cristãos e justamente são reconhecidos pelos filhos da Igreja Católica como irmãos no Senhor.[17]

Ademais, dentre os elementos ou bens com que, tomados em conjunto, a própria Igreja é edificada e vivificada, alguns e até muitos e muito importantes podem existir fora do âmbito da Igreja Católica: a palavra de Deus escrita, a vida da graça, a fé, a esperança e a caridade e outros dons interiores do Espírito Santo e elementos visíveis. Tudo isso, que de Cristo provém e a Cristo conduz, pertence por direito à única Igreja de Cristo.

Também não poucas ações sagradas da religião cristã são celebradas entre os nossos irmãos separados. Por vários modos, conforme a condição de cada Igreja ou Comunidade, estas ações podem realmente produzir a vida da graça. Devem mesmo ser tidas como aptas para abrir a porta à comunhão da salvação.

Por isso, as Igrejas[18] e Comunidades separadas, embora creiamos que tenham defeitos, de forma alguma estão despojadas de sentido e de significação no mistério da salvação. Pois o Espírito de Cristo não recusa servir-se delas como de meios de salvação cuja virtude deriva da própria plenitude de graça e verdade confiada à Igreja Católica.

---

[16] Cf. Conc. Florentino, ses. VIII, Decr. *Exultate Deo*; Mansi 31, 1055 A.

[17] Cf. S. Agostinho, *In Ps. 32, Enarr. II*, 29: PL 36, 299.

[18] Cf. IV Conc. Lateranense (1215), const. IV: Mansi 22, 990; II Conc. Lugdunense, *Profissão de fé de Miguel Paleólogo*: Mansi 24, 71 E; Conc. Florentino, Ses. VI, definição Laetentur Coeli: Mansi 31, 1026 E.

Contudo, os irmãos separados, quer os indivíduos quer as suas Comunidades e Igrejas, não gozam daquela unidade que Jesus quis prodigalizar a todos os que regenerou e convivificou num só corpo e numa vida nova e que a Sagrada Escritura e a venerável Tradição da Igreja professam. Porque só pela Igreja Católica de Cristo, que é o meio geral de salvação, pode ser atingida toda a plenitude dos meios salutares. Cremos também que o Senhor confiou todos os bens da nova Aliança ao único colégio apostólico, a cuja testa está Pedro, com o fim de constituir na terra um só corpo de Cristo. É necessário que a ele se incorporem plenamente todos os que de alguma forma pertencem ao Povo de Deus. Este Povo, durante a peregrinação terrena, ainda que sujeito ao pecado nos seus membros, cresce incessantemente em Cristo. É conduzido suavemente por Deus, segundo os Seus misteriosos desígnios, até que chegue, alegre, à total plenitude da glória eterna na celeste Jerusalém.

O movimento ecumênico

4. Hoje, em muitas partes do mundo, mediante o sopro da graça do Espírito Santo, empreendem-se, pela oração, pela palavra e pela ação, muitas tentativas de aproximação daquela plenitude de unidade que

---

A compreensão de ecumenismo: o Decreto entende o "movimento ecumênico" como "as atividades e iniciativas que são suscitadas e ordenadas, segundo as várias necessidades da Igreja e oportunidades dos tempos, no sentido de favorecer a unidade dos cristãos" (**UR 4**). Essas "atividades e iniciativas" acontecem em quatro principais campos: na conversão da mente e do

Jesus Cristo quis. Este sagrado Concílio, portanto, exorta todos os fiéis a que, reconhecendo os sinais dos tempos, solicitamente participem do trabalho ecumênico.

Por "movimento ecumênico" entendem-se as atividades e iniciativas que são suscitadas e ordenadas, segundo as várias necessidades da Igreja e oportunidades dos tempos, no sentido de favorecer a unidade dos cristãos. Tais são: primeiro, todos os esforços para eliminar palavras, juízos e ações que, segundo a equidade e a verdade, não correspondem à condição dos irmãos separados e, por isso, tornam mais difíceis as relações com eles; depois, o "diálogo" estabelecido entre peritos competentes, em reuniões de cristãos das diversas Igrejas em Comunidades, organizadas em espírito religioso, em que cada qual explica mais profundamente a doutrina da sua Comunhão e apresenta com clareza as suas características. Com este diálogo, todos adquirem um conhecimento mais verdadeiro e um apreço mais justo da doutrina e da vida de cada Comunhão. Então estas Comunhões conseguem também uma mais ampla colaboração em certas obrigações que a consciência cristã exige em vista do bem comum. E, onde for possível, reúnem-se

---

coração, que exige esforços para eliminar palavras, juízos e ações que não correspondem à verdade dos outros (**UR 4**); no diálogo sobre questões doutrinais (**UR 9, 11**); na colaboração em ações comuns (**UR 12**); na oração (**UR 8**). Reconhecendo que a oração, a palavra e todas as iniciativas realizadas em favor da unidade dos cristãos são frutos da graça do Espírito Santo (**UR 4**), o Decreto exorta os fiéis católicos a integrarem-se no caminho ecumênico.

em oração unânime. Enfim, todos examinam a sua fidelidade à vontade de Cristo acerca da Igreja e, na medida da necessidade, levam vigorosamente por diante o trabalho de renovação e de reforma.

Desde que os fiéis da Igreja Católica prudente e pacientemente trabalhem sob a vigilância dos pastores, tudo isto contribuirá para promover a equidade e a verdade, a concórdia e a colaboração, o espírito fraterno e a união. Assim, palmilhando este caminho, superando pouco a pouco os obstáculos que impedem a perfeita comunhão eclesiástica, todos os cristãos se congreguem numa única celebração da Eucaristia e na unidade de uma única Igreja. Esta unidade, desde o início Cristo a concedeu à Sua Igreja. Nós cremos que esta unidade subsiste indefectivelmente na Igreja Católica e esperamos que cresça de dia para dia, até à consumação dos séculos.

Mas é evidente que o trabalho de preparação e reconciliação dos indivíduos que desejam a plena comunhão católica é por sua natureza distinto da empresa ecumênica. Entretanto, não existe nenhuma oposição entre as duas, pois ambas procedem da admirável Providência divina.

É, sem dúvida, necessário que os fiéis católicos na empresa ecumênica se preocupem com os irmãos separados, rezando por eles, comunicando com eles

---

A maior aspiração dos esforços ecumênicos é a celebração comum da Eucaristia, que "significa" e "realiza" a unidade. Tal unidade é dom do Espírito, já dada à Igreja, de modo que o que se busca na verdade não é construir a unidade da Igreja, mas torná-la visível ao mundo.

sobre assuntos da Igreja, dando os primeiros passos em direção a eles. Sobretudo, porém, examinam com espírito sincero e atento aquelas coisas que na própria família católica devem ser renovadas e realizadas para que a sua vida dê um testemunho mais fiel e luminoso da doutrina e dos ensinamentos recebidos de Cristo, através dos Apóstolos.

Embora a Igreja Católica seja enriquecida de toda a verdade revelada por Deus e de todos os instrumentos da graça, os seus membros, contudo, não vivem com todo aquele fervor que seria conveniente. E, assim, aos irmãos separados e ao mundo inteiro o rosto da Igreja brilha menos e o seu crescimento é retardado. Por esse motivo, todos os católicos devem tender à perfeição cristã[19] e, cada um segundo a própria condição, devam procurar que a Igreja, levando em seu corpo a humildade e mortificação de Jesus,[20] de dia para dia se purifique e se renove, até que Cristo a apresente a Si gloriosa, sem mancha e sem ruga.[21]

---

[19] Cf. Tg 1,4; Rm 12,1-2.
[20] Cf. 2Cor 4,10; Fl 2,5-8.
[21] Cf. Ef 5,27.

Não se faz ecumenismo em nome pessoal, mas com a consciência eclesial. Assim, os cristãos católicos são orientados pelos pastores sobre o modo de agir ecumenicamente. São orientados a preocuparem-se com os cristãos das outras Igrejas dando os primeiros passos em direção a eles. Esse agir ecumênico leva também a examinar atentamente o modo como se vive a fé católica, renovando o que necessário for para ser mais fiel ao Evangelho de Cristo (**UR 6**). Há, aqui, o reconhecimento de que

Guardando a unidade nas coisas necessárias, todos na Igreja, segundo o múnus dado a cada um, conservem a devida liberdade tanto nas várias formas de vida espiritual e de disciplina, como na diversidade de ritos litúrgicos e até mesmo na elaboração teológica da verdade revelada. Mas em tudo cultivem a caridade. Por este modo de agir, manifestarão sempre melhor a autêntica catolicidade e apostolicidade da Igreja.

Por outro lado, é mister que os católicos reconheçam com alegria e estimem os bens verdadeiramente cristãos, oriundos de um patrimônio comum, que se encontram nos irmãos de nós separados. É digno e salutar reconhecer as riquezas de Cristo e as obras de virtude na vida de outros que dão testemunho de Cristo, às vezes até à efusão do sangue. Deus é, com efeito, sempre admirável e digno de admiração em Suas obras.

Nem se passe por alto o fato de que tudo o que a graça do Espírito Santo realiza nos irmãos separados pode também contribuir para a nossa edificação. Tudo o que é verdadeiramente cristão jamais se opõe aos bens genuínos da fé, antes sempre pode fazer

---

nem sempre os fiéis católicos vivem "com todo aquele fervor que seria conveniente", o que não permite testemunhar aos outros o Reino de Deus que se realiza na comunidade dos católicos. Por isso a necessidade que a Igreja como um todo tem de se purificar e se renovar a cada dia. Assim, conservando a unidade no necessário, mantém-se a liberdade na espiritualidade, na disciplina, nos ritos, na reflexão teológica, cultivando em tudo a caridade.

com que mais perfeitamente se compreenda o próprio mistério de Cristo e da Igreja.

Todavia, as divisões dos cristãos impedem a Igreja de realizar a plenitude de catolicidade que lhe é própria naqueles filhos que, embora incorporados pelo Batismo, estão separados da sua plena comunhão. E até para a própria Igreja se torna mais difícil exprimir na realidade da vida e sob todos os aspectos a sua plena catolicidade.

Este sagrado Concílio verifica com alegria que a participação dos fiéis na ação ecumênica aumenta cada vez mais. Recomenda-a aos Bispos de todo o mundo, para que a promovam com interesse e prudentemente a dirijam.

A humildade para reconhecer carências na vivência da fé cristã favorece para compreender as riquezas da fé vivida nas comunidades não católicas. Isso leva a reconhecer a existência de um patrimônio comum entre todos os cristãos. E "o que a graça do Espírito Santo realiza nos irmãos separados pode também contribuir para a nossa edificação" (**UR 4**).

Capítulo II
Prática do ecumenismo

Trabalho de toda a Igreja

5. A solicitude na restauração da união vale para toda a Igreja, tanto para os fiéis como para os pastores.

Os princípios ecumênicos se concretizam em ações que buscam efetivamente construir a unidade. Dentre elas, o Decreto apresenta oito propostas concretas, que aqui resumiremos.

1) A formação da consciência ecumênica: afirma o Decreto que "a solicitude na restauração da união vale para toda a Igreja, tanto para os fiéis como para os pastores. Afeta a cada um em particular, de acordo com a sua capacidade" (**UR 5**). Assim, nenhum fiel está excluído da responsabilidade ecumênica.

Essa formação acontece por duas principais vias: (a) pela relação concreta na vivência cotidiana entre cristãos de diferentes Igrejas, como na participação de eventos ecumênicos. Essa relação permite conhecer a história, a vida espiritual e litúrgica, a psicologia religiosa e a cultura das outras Igrejas (**UR 9**). E também possibilita aos cristãos católicos expressarem esses mesmos aspectos de sua fé, estabelecendo, assim, um conhecimento mútuo que alicerça o diálogo e a convivência ecumênica; (b) pelo estudo específico do ecumenismo. Concorre para isso o estudo da fé cristã, e toda a teologia, em perspectiva ecumênica e a disciplina do ecumenismo nas faculdades de teologia. Quem possui uma adequada formação ecumênica entende que "o modo e o

Afeta a cada um em particular, de acordo com sua capacidade, quer na vida cristã cotidiana, quer nas

método de formular a doutrina católica de forma alguma devem transformar-se em obstáculo para o diálogo com os irmãos" (**UR 11**). Isso não impede expor a fé com toda a clareza necessária. Mas a forma e a linguagem utilizadas para apresentar as próprias convicções de fé não podem ser agressivas, absolutistas e excludentes, o que impede ao interlocutor compreender o conteúdo da doutrina católica.

Por isso, no diálogo é preciso "proceder com amor pela verdade, com caridade e humildade" (**UR 11**). Nesse aspecto, o Decreto propõe um método revolucionário para o diálogo doutrinal: afirma a existência de "uma ordem ou hierarquia das verdades da doutrina católica", com base ao nexo delas com o fundamento da fé cristã (**UR 11**). Assim, é possível avançar no diálogo sobre as doutrinas partindo daqueles aspectos que as Igrejas consideram mais próximos do fundamento da fé cristã, e dessa base comum pode-se avançar no diálogo sobre os demais elementos doutrinais.

O Decreto dirige uma palavra especial para "os futuros pastores e sacerdotes", para que "estudem a teologia bem elaborada deste modo e não polemicamente, sobretudo nas questões que incidem sobre as relações" entre católicos e cristãos de outras Igrejas (**UR 10**). Aqui, busca-se formar os ministros ordenados na consciência ecumênica do Concílio, pois "é da formação dos sacerdotes que depende em grande parte a necessária instrução e formação espiritual dos fiéis" (**UR 10**). E na vida dos fiéis deve-se refletir a natureza e a dimensão ecumênica da Igreja.

Enfim, faz parte da formação ecumênica conhecer bem a própria doutrina católica, ter abertura para conhecer a doutrina do outro, e apresentar as próprias convicções com um método que favoreça a todos uma comum compreensão do que é ser cristão, ser Igreja, ser discípulo de Cristo hoje.

investigações teológicas e históricas. Essa preocupação já manifesta de certo modo a união fraterna existente entre todos os cristãos, e conduz à unidade plena e perfeita, segundo a benevolência de Deus.

A renovação da Igreja: sua importância e necessidade

6. Toda a renovação da Igreja[1] consiste essencialmente numa maior fidelidade à própria vocação. Esta é, sem dúvida, a razão do movimento para a unidade. A Igreja peregrina é chamada por Cristo a essa reforma perene. Como instituição humana e terrena, a Igreja necessita perpetuamente desta reforma. Assim, se em vista das circunstâncias das coisas e dos tempos houve deficiências, quer na moral, quer na disciplina eclesiástica, quer também no modo de enunciar a doutrina – modo que deve cuidadosamente distinguir-se do próprio depósito da fé –, tudo seja reta e devidamente restaurado no momento oportuno.

---

[1] Cf. IV Conc. Lateranense, ses. XII, Const. *Constituti*: Mansi 32, 988 B-C.

---

2) *A renovação da Igreja:* A Igreja, peregrina nesse mundo, é necessitada de renovação. E o movimento ecumênico favorece para essa renovação. O ecumenismo possibilita à Igreja mudanças nos âmbitos da reflexão teológica, da espiritualidade, das instituições, da ação evangelizadora. Isso não implica perdas ou ameaça à identidade e às convicções católicas. Pelo contrário, o Decreto afirma que "a renovação da Igreja consiste essencialmente na maior fidelidade à própria vocação" (**UR 6**). É para ser fiel à sua vocação que a Igreja precisa mudar, renovar-se, atualizar-se constantemente. O ecumenismo contribui para isso na medida em que

Esta renovação tem, por isso, grande importância ecumênica. Ela já é efetuada em várias esferas da Igreja. Tais são os movimentos bíblico e litúrgico, a pregação da palavra de Deus e a catequese, o apostolado dos leigos, as novas formas de vida religiosa, a espiritualidade do matrimônio, a doutrina e atividade da Igreja no campo social. Tudo isto deve ser tido como penhor e auspício que felizmente prognosticam os futuros progressos do ecumenismo.

A conversão do coração

7. Não há verdadeiro ecumenismo sem conversão interior. É que os anseios de unidade nascem e amadurecem a partir da renovação da mente,[2] da abnegação de si mesmo e da libérrima efusão da caridade. Por

---
[2] Cf. Ef 4,23.

---

possibilita à Igreja um modo de ser que a torne dialógica, relacional, situada no contexto do pluralismo eclesial e parceira de outras Igrejas. Assim fazendo, melhor realiza sua vocação de comunhão. Por isso afirma ainda o Decreto que "a Igreja peregrina é chamada por Cristo a essa reforma perene, de que ela própria, como instituição humana e terrena, necessita perpetuamente" (**UR 6**).

3) Conversão do coração: o ecumenismo não acontece apenas por acordos doutrinais, institucionais ou pastorais. Ele possui uma dimensão espiritual. E, para que essa dimensão se desenvolva, é necessária a conversão. Dentre as conversões necessárias para a realização da unidade dos cristãos, o Decreto acentua a necessidade da "renovação da mente, da abnegação de si mesmo e da libérrima efusão da caridade" (**UR 7**). Isso possibilita uma postura de "humildade e mansidão em servir, e da fraterna

isso, devemos implorar do Espírito divino a graça da sincera abnegação, humildade e mansidão em servir, e da fraterna generosidade para com os outros. "Portanto – diz o Apóstolo das gentes –, eu, prisioneiro no Senhor, vos rogo que vivais de modo digno da vocação a que fostes chamados, com toda a humildade e mansidão, com paciência, suportando-vos uns aos outros em caridade, e esforçando-vos solicitamente por conservar a unidade do Espírito no vínculo da paz" (Ef 4,1-3). Esta exortação visa sobretudo àqueles que foram elevados à sagrada Ordem na intenção de que seja continuada a missão de Cristo, que entre nós "não esteve para ser servido, mas para servir" (Mt 20,28).

Também das culpas contra a unidade, vale o testemunho de S. João: "Se dissermos que não temos pecado, fazemo-lo mentiroso e a sua palavra não está em nós" (1Jo 1,10). Por isso, pedimos humildemente perdão a Deus e aos irmãos separados, assim como também nós perdoamos àqueles que nos ofenderam.

Lembrem-se todos os cristãos de que tanto melhor promoverão e até realizarão a união dos cristãos

---

generosidade para com os outros" (**UR 7**). Trata-se, portanto, da "conversão do coração", onde nascem os anseios da unidade.

Uma vez mais, o Decreto afirma a importância disso sobretudo para os ministros ordenados. É preciso entender que esse ministério, realizado na abnegação, ajuda a Igreja a ter humildade para reconhecer as próprias culpas contra a unidade. Essa conversão, enfim, é necessária para todos os católicos, pois a unidade dos cristãos cresce na mesma medida em que cresce a fidelidade ao Evangelho (**UR 7**).

quanto mais se esforçarem por levar uma vida mais pura, de acordo com o Evangelho. Porque, quanto mais unidos estiverem em comunhão estreita com o Pai, o Verbo e o Espírito, tanto mais íntima e facilmente conseguirão aumentar a fraternidade mútua.

A oração pela unidade

8. Esta conversão do coração e esta santidade de vida, juntamente com as orações particulares e públicas pela unidade dos cristãos, devem ser tidas como a alma de todo o movimento ecumênico, e com razão podem ser chamadas ecumenismo espiritual.

É coisa habitual entre os católicos reunirem-se frequentemente para aquela oração pela unidade da Igreja que o próprio Salvador pediu ardentemente ao Pai, na vigília de sua morte: "Que todos sejam um" (Jo 17,21).

Em algumas circunstâncias peculiares, como por ocasião das orações prescritas *pro unitate* em reuniões

---

4) A prática da oração: a renovação da Igreja e a verdadeira conversão que promovem o ecumenismo sustentam-se na oração. Por isso, "é lícito e até desejável" que os católicos promovam e participem de celebrações ecumênicas (**UR 8**). Nesses momentos de oração os cristãos e suas Igrejas unem-se na mesma prece que Cristo fez ao Pai: "Que todos sejam um" (Jo 17,21). E isso fortalece as iniciativas de diálogo e cooperação entre as Igrejas, de modo que a oração torna-se "a alma de todo o movimento ecumênico" (**UR 8**).

Pela oração ecumênica acontece a verdadeira comunhão no Espírito que concede a graça da unidade. Essa oração pode ter muitas formas, conforme o ambiente, as situações, as Igrejas participantes.

ecumênicas, é lícito e até desejável que os católicos se associem aos irmãos separados na oração. Tais preces comuns são certamente um meio muito eficaz para impetrar a unidade. São uma genuína manifestação dos vínculos pelos quais ainda estão unidos os católicos com os irmãos separados: "Onde dois ou três estão congregados em meu nome, ali estou eu no meio deles" (Mt 18,20).

Todavia, não é lícito considerar a *communicatio in sacris* como um meio a ser aplicado indiscriminadamente na restauração da unidade dos cristãos. Esta *communicatio* depende principalmente de dois princípios: da necessidade de testemunhar a unidade da Igreja e da participação nos meios da graça.

Uma atenção especial diz respeito à celebração sacramental, sobretudo à Eucaristia, mais especificamente à prática da hospitalidade eucarística. Essa hospitalidade não pode acontecer de modo indiscriminado e precisa observar dois fundamentais princípios: (a) o grau de unidade entre as Igrejas como condicionante da possibilidade e da intensidade da prática da hospitalidade eucarística. Quanto mais unidas as Igrejas estiverem na doutrina cristã, maior é a possibilidade da prática da hospitalidade eucarística. Por isso, ela não pode ser realizada de qualquer modo, considerando apenas o desejo dos participantes de uma celebração, pois estaria falseando a unidade que a própria Eucaristia significa; (b) a participação dos meios da graça que a Eucaristia significa. Esse aspecto permite que em determinadas situações e tendo todas as condições previstas no Diretório Ecumênico (129-136) e no Direito Canônico (c. 8444.8447), a hospitalidade eucarística possa ser praticada, como que possibilitando aos participantes de uma celebração experimentar também sacramentalmente, já no presente, a unidade pela qual aspiram e lutam incansavelmente.

O testemunho da unidade frequentemente a proíbe. A busca da graça algumas vezes a recomenda. Sobre o modo concreto de agir, decida prudentemente a autoridade episcopal local, considerando todas as circunstâncias dos tempos, lugares e pessoas, a não ser que outra coisa seja determinada pela Conferência episcopal, segundo os seus próprios estatutos, ou pela Santa Sé.

O conhecimento dos irmãos separados

9. É preciso conhecer a mente dos irmãos separados. Para isso, necessariamente se requer um estudo, a ser feito segundo a verdade e com ânimo benévolo. Católicos devidamente preparados devem adquirir um melhor conhecimento da doutrina e história, da vida espiritual e litúrgica, da psicologia religiosa e da cultura própria dos irmãos. Muito ajudam para isso as reuniões de ambas as partes para tratar principalmente de questões teológicas, onde cada parte deve agir de igual para igual, contanto que aqueles que, sob a vigilância dos superiores, nelas tomam parte sejam verdadeiramente peritos. De tal diálogo também se vê mais claramente qual é a situação real da Igreja Católica. Por esse caminho se conhece outrossim melhor a mente dos irmãos separados e a nossa fé lhes é mais aptamente exposta.

A formação ecumênica

10. A sagrada teologia e as outras disciplinas, principalmente as históricas, devem ser ensinadas também sob o ponto de vista ecumênico, de modo que respondam mais exatamente à verdade das coisas.

Importa muito que os futuros pastores e sacerdotes estudem a teologia bem elaborada deste modo e não polemicamente, sobretudo nas questões que incidem sobre as relações entre os irmãos separados e a Igreja Católica.

É da formação dos sacerdotes que depende em grande parte a necessária instrução e formação espiritual dos fiéis e dos religiosos.

Devem ainda os católicos que se entregam a obras missionárias nas mesmas terras que outros cristãos, especialmente hoje em dia, conhecer os problemas e os frutos que, para o seu apostolado, se originam do ecumenismo.

A exposição clara e fiel da fé

11. O modo e o método de formular a doutrina católica de forma alguma devem transformar-se em obstáculo para o diálogo com os irmãos. É absolutamente necessário que toda a doutrina seja exposta com clareza. Nada tão alheio ao ecumenismo como aquele falso irenismo pelo qual a pureza da doutrina católica sofre detrimento e é obscurecido o seu sentido genuíno e certo.

Ao mesmo tempo, a fé católica deve ser explicada mais profunda e corretamente, de tal modo e com tais termos que possa ser de fato compreendida também pelos irmãos separados.

Ademais, no diálogo ecumênico, os teólogos católicos, sempre fiéis à doutrina da Igreja, quando investigarem juntamente com os irmãos separados os divinos mistérios, devem proceder com amor pela verdade, com caridade e humildade. Na comparação das doutrinas, lembrem-se de que existe uma ordem ou "hierarquia" das verdades da doutrina católica, já que o nexo delas com o fundamento da fé cristã é diferente. Assim se abre o caminho pelo qual, mediante esta fraterna emulação, todos se sintam incitados a um conhecimento mais profundo e a uma exposição mais clara das insondáveis riquezas de Cristo.[3]

A colaboração com os irmãos separados

12. Todos os cristãos professem diante do mundo inteiro a fé em Deus uno e trino, no Filho de Deus encarnado, nosso Redentor e Salvador. Por um esforço comum e em estima mútua deem testemunho da nossa esperança, que não confunde. Visto que nos nossos tempos largamente se estabelece a cooperação no campo social, todos os homens são chamados a uma obra comum, mas com maior razão os que creem em Deus, sobretudo todos os cristãos assinalados com o nome de Cristo. A cooperação de todos os cristãos exprime

---
[3] Cf. Ef 3,8.

---

5) *A cooperação ecumênica*: os cristãos são chamados a darem testemunho público da sua fé, manifestando no mundo "a esperança que não engana" (**UR 12**). Por esse testemunho o mundo tem mais condições de entender a mensagem do Evangelho e de crer no Cristo que as Igrejas anunciam.

Esse testemunho comum pode ser vivido através de projetos de cooperação no campo social, realizando ações comuns em favor da promoção e defesa da dignidade do ser humano. As Igrejas e os cristãos lutam, assim, contra todas as formas de injustiça que gera empobrecimento e sofrimento na vida das pessoas.

vivamente aquelas relações pelas quais já estão unidos entre si e apresenta o rosto de Cristo Servo numa luz mais radiante. Esta cooperação, que já se realiza em não poucas nações, deve ser aperfeiçoada sempre mais, principalmente nas regiões onde se verifica a evolução social ou técnica. Vai ela contribuir para apreciar devidamente a dignidade da pessoa humana, promover o bem da paz, aplicar ainda mais o Evangelho na vida social, incentivar o espírito cristão nas ciências e nas artes e aplicar toda a espécie de remédios aos males da nossa época, tais como a fome e as calamidades, o analfabetismo e a pobreza, a falta de habitações e a inadequada distribuição dos bens. Por essa cooperação, todos os que creem em Cristo podem mais facilmente aprender como devem entender-se melhor e estimar-se mais uns aos outros, e assim se abre o caminho que leva à unidade dos cristãos.

Cooperam, dessa forma, na construção de um mundo de paz, de justiça e de fraternidade. O anúncio do Evangelho implica a contribuição para a superação dos inúmeros problemas pelos quais passa a humanidade, como a fome, a pobreza, a violência, as situações de calamidades.

As iniciativas de cooperação ecumênica ajudam os cristãos e suas Igrejas a melhor se conhecerem e se estimarem mutuamente, ampliando e consolidando os caminhos da unidade cristã. Enfim, a unidade é para a missão e "a cooperação de todos os cristãos exprime vivamente aquelas relações pelas quais já estão unidos entre si e apresenta o rosto de Cristo Servo numa luz mais radiante" (**UR 12**).

Capítulo III
Igrejas e Comunidades Eclesiais separadas da Sé Apostólica Romana

Duas categorias de cismas

13. Temos diante dos olhos as duas principais categorias de cisões que ferem a túnica inconsútil de Cristo. As primeiras divisões sobrevieram no Oriente, já por contestação das fórmulas dogmáticas dos Concílios de Éfeso e Calcedônia, já em tempo posterior, pela ruptura da comunhão eclesiástica entre os Patriarcados orientais e a Sé Romana.

As outras, após mais de quatro séculos, originaram-se no Ocidente, provocadas pelos acontecimentos comumente conhecidos com o nome de Reforma.

Relação da Igreja Católica com Igrejas do Oriente e do Ocidente

No capítulo III, o Decreto estabelece considerações diferenciadas entre os cristãos do Oriente e os cristãos das comunidades oriundas da Reforma. Tratando das Igrejas do Oriente, reconhece a legitimidade da mentalidade e da história específica dessas Igrejas. E orienta os cristãos católicos que conservem "na comunhão de fé e de caridade aquelas relações fraternas que devem vigorar

Desde então, muitas Comunhões, nacionais ou confessionais, se separaram da Sé Romana. Entre aquelas nas quais continuam parcialmente as tradições e as estruturas católicas, ocupa um lugar especial a Comunhão anglicana.

Estas diversas divisões, todavia, diferem muito entre si, não apenas em razão da origem, lugar e tempo, mas principalmente pela natureza e gravidade das questões relativas à fé e à estrutura eclesiástica.

Por isso, sem querer minimizar as diferenças entre os vários grupos cristãos e sem desconhecer os laços que, não obstante a divisão, entre eles existem, este sagrado Concílio determina propor as seguintes considerações para levar a cabo uma prudente ação ecumênica.

I. CONSIDERAÇÃO PECULIAR SOBRE AS IGREJAS ORIENTAIS

Caráter e história própria dos orientais

14. Durante não poucos séculos, as Igrejas do Oriente e do Ocidente seguiram por caminhos próprios, unidas, contudo, pela fraterna comunhão da fé e da vida sacramental. Quando entre elas surgiam dissensões

---

entre as Igrejas locais como entre irmãs" (**UR 14**). Existe o reconhecimento de que a Igreja Católica muito herdou do tesouro das Igrejas do Oriente, na doutrina, na liturgia, na tradição espiritual, na ordenação jurídica (**UR 14**). E lastima-se que a divisão entre cristãos do Oriente e do Ocidente deva-se, entre outros, ao fato de que a herança apostólica foi acolhida por uns e outros de modos muito diversos, dado que as diferenças de gênio e de condições de vida, somadas a fatores socioculturais, levaram à divisão.

acerca da fé ou da disciplina, era a Sé de Roma quem, de comum acordo, as resolvia. Entre outras coisas de grande importância, é grato ao sagrado Concílio trazer à memória de todos o fato de que no Oriente florescem muitas Igrejas particulares ou locais, entre as quais sobressaem as Igrejas patriarcais; não poucas delas se gloriam de ter origem nos próprios Apóstolos. Por isso entre os orientais prevaleceram e prevalecem a solicitude e o cuidado de conservar na comunhão de fé e caridade aquelas relações fraternas que devem vigorar entre as Igrejas locais como entre irmãs.

Semelhantemente, não se deve esquecer de que as Igrejas do Oriente têm desde a origem um tesouro, do qual a Igreja do Ocidente herdou muitas coisas em liturgia, tradição espiritual e ordenação jurídica. Nem se deve subestimar o fato de que os dogmas fundamentais da fé cristã sobre a Trindade e o Verbo de Deus encarnado da Virgem Maria foram definidos em Concílios Ecumênicos celebrados no Oriente. Para preservar esta fé, muito sofreram e ainda sofrem aquelas Igrejas.

Mas a herança deixada pelos Apóstolos foi aceita de formas e modos diversos, e desde os primórdios da Igreja cá e lá foi explicada de maneira diferente, também por causa da diversidade de gênio e condições de vida. Tudo isso, além das causas externas, e também por falta de mútua compreensão e caridade, deu ocasião às separações.

Em vista disto, o sagrado Concílio exorta a todos, mormente aos que pretendem dedicar-se à restauração da plena comunhão desejada entre as Igrejas orientais e a Igreja Católica, a que tenham na devida consideração esta peculiar condição da origem e do crescimento das Igrejas do Oriente e da índole das relações que vigoravam entre elas e a Sé Romana antes da separação. Procurem apreciar retamente todos estes fatores. Acuradamente observadas, estas coisas contribuirão muito para o desejado diálogo.

A tradição litúrgica espiritual dos orientais

15. Também é conhecido de todos com quanto amor os cristãos orientais realizam as cerimônias litúrgicas, principalmente a celebração eucarística, fonte da vida da Igreja e penhor da glória futura, pela qual os fiéis unidos ao Bispo, tendo acesso a Deus Pai mediante o Filho, o Verbo encarnado, morto e glorificado, na efusão do Espírito Santo, conseguem a comunhão com a Santíssima Trindade, feitos "participantes da natureza divina" (2Pd 1,4). Por isso, pela celebração da Eucaristia do Senhor, em cada uma dessas Igrejas, a Igreja de Deus é edificada e cresce,[1] e pela concelebração se manifesta a comunhão entre elas.

---

[1] Cf. S. João Crisóstomo, *In Jo.* hom. XLVI: PG 59, 260-262.

Não obstante, é notável a valorização das tradições orientais, o que leva o Concílio a afirmar que nessas tradições (doutrinal, litúrgica, espiritual, disciplinar) "a Igreja de Deus é edificada e cresce, e pela concelebração se manifesta a comunhão entre elas" (**UR 15**). Assim, é grande o número de elementos que constituem um patrimônio comum entre as Igrejas do Oriente e a Igreja Católica, como a doutrina sobre a Santíssima Trindade, a veneração da Virgem Maria e dos santos, os sacramentos, o episcopado, a sucessão apostólica, o sacerdócio e a Eucaristia (**UR 15**). Assim, o

Neste culto litúrgico, os orientais proclamam com belíssimos hinos a grandeza de Maria sempre Virgem, a quem o Concílio Ecumênico de Éfeso solenemente proclamou Santíssima Mãe de Deus, para que se reconhecesse verdadeira e propriamente a Cristo como Filho de Deus e Filho do Homem segundo as Escrituras. Cantam hinos também a muitos santos, entre os quais os Padres da Igreja universal.

Como essas Igrejas, embora separadas, têm verdadeiros sacramentos, e principalmente, em virtude da sucessão apostólica, o sacerdócio e a Eucaristia, ainda se unem muito intimamente conosco. Por isso, alguma *communicatio in sacris* não só é possível mas até aconselhável, em circunstâncias oportunas e com aprovação da autoridade eclesiástica.

Também no Oriente se encontram as riquezas daquelas tradições espirituais, que o monaquismo sobretudo expressou. Pois desde os gloriosos tempos dos santos Padres floresceu no Oriente aquela elevada espiritualidade monástica, que de lá se difundiu para o Ocidente e da qual a vida religiosa dos latinos se originou como de sua fonte, e em seguida, sem cessar, recebeu novo vigor. Recomenda-se, por isso, vivamente que os católicos se abeirem com mais frequência destas riquezas espirituais dos Padres do Oriente que elevam o homem todo à contemplação das coisas divinas.

Conhecer, venerar, conservar e fomentar o riquíssimo patrimônio litúrgico e espiritual dos orientais é da máxima importância para guardar fielmente a plenitude da tradição cristã e realizar a reconciliação dos cristãos orientais e ocidentais.

Disciplina própria dos orientais

16. Além do mais, desde os primeiros tempos as Igrejas do Oriente seguiam disciplinas próprias, sancionadas pelos santos Padres e Concílios, mesmo Ecumênicos. Longe de obstar à unidade da Igreja, certa diversidade de costumes e usos, como acima se lembrou, aumenta-lhe a beleza e ajuda-a não pouco a cumprir a sua missão. Por isso, o sagrado Concílio, para tirar todas as dúvidas, declara que as Igrejas do Oriente, conscientes da necessária unidade de toda a Igreja, têm a faculdade de se governarem segundo as próprias disciplinas, mais conformes à índole de seus fiéis e mais aptas para atender ao bem das almas. A observância perfeita deste tradicional princípio, nem sempre respeitada, é condição prévia indispensável para a restauração da união.

Caráter da teologia dos orientais

17. O que acima foi dito acerca da legítima diversidade apraz declarar também com relação à diversidade na enunciação teológica das doutrinas. Com efeito, no estudo da verdade revelada, o Oriente e o Ocidente usaram métodos e modos diferentes para conhecer e exprimir os mistérios divinos. Não admira, por isso, que alguns aspectos do mistério revelado sejam por vezes apreendidos mais convenientemente e postos em melhor luz por um que por outro. Nestes casos,

---

patrimônio espiritual, litúrgico, disciplinar e teológico manifestam a catolicidade e apostolicidade da Igreja (**UR 17**), de modo que os elementos que se expressam em uma diversidade de usos e costumes não podem ser vistos como obstáculos à unidade (**UR 16**).

deve dizer-se que aquelas várias fórmulas teológicas, em vez de se oporem, não poucas vezes se completam mutuamente. Com relação às tradições teológicas autênticas dos orientais, devemos reconhecer que elas estão profundamente radicadas na Sagrada Escritura, são fomentadas e expressas pela vida litúrgica, são nutridas pela viva tradição apostólica e pelos escritos dos Padres orientais e dos autores espirituais, e promovem a reta ordenação da vida e até a contemplação perfeita da verdade cristã.

Dando graças a Deus porque muitos filhos orientais da Igreja Católica, que guardam este patrimônio e desejam vivê-lo mais pura e plenamente, já vivem em plena comunhão com os irmãos que cultivam a tradição ocidental, este sagrado Concílio declara que todo esse patrimônio espiritual e litúrgico, disciplinar e teológico, nas suas diversas tradições, faz parte da plena catolicidade e apostolicidade da Igreja.

A busca da unidade

18. Tendo ponderado tudo isso, este sagrado Concílio renova o que foi declarado pelos sagrados Concílios anteriores e também pelos Pontífices Romanos: para restaurar ou conservar a comunhão e a unidade, é preciso "não impor nenhum outro encargo além do

---

Essa unidade será alcançada à medida que não se pretenda "impor nenhum outro encargo além do necessário – At 15,28" (**UR 18**). Por isso o Decreto convida os católicos para que realizem "todos os esforços para uma gradual concretização da unidade" (**UR 18**), através da oração e do diálogo fraternal, eliminando todo espírito de contenda e rivalidade.

necessário" (At 15,28). Veementemente deseja também, que nas várias instituições e formas de vida da Igreja, se envidem todos os esforços para uma gradual concretização desta unidade, principalmente pela oração e pelo diálogo fraternal em torno da doutrina e das necessidades mais urgentes do ministério pastoral de hoje. Do mesmo modo recomenda aos pastores e fiéis da Igreja Católica as boas relações com aqueles que já não vivem no Oriente, mas longe da pátria, para que cresça a colaboração fraterna com eles no espírito da caridade, excluído todo o espírito de contenda e rivalidade. E se este trabalho for promovido com todo o entusiasmo, o sagrado Concílio espera que, demolido o muro que separa a Igreja ocidental da oriental, haja finalmente uma única morada, firmada na pedra angular, Jesus Cristo, que fará de ambas uma só coisa.[2]

II. IGREJAS E COMUNIDADES ECLESIAIS SEPARADAS NO OCIDENTE

Condição própria destas comunidades

19. As Igrejas e Comunidades Eclesiais, que se separaram da Sé Apostólica Romana naquela grave

---

[2] Cf. Conc. Florentino, ses. VI, Definição *Laetentur coeli*: Mansi 31, 1026 E.

Ao tratar das Igrejas e Comunidades Eclesiais oriundas das Reformas dos séculos XVI e XVIII no Ocidente, o Decreto reconhece que continuam, de algum modo, "ligadas à Igreja Católica pelos laços de uma peculiar afinidade devida à longa convivência do povo cristão" (**UR 19**) nos séculos passados. Contudo, a perturbação iniciada no Ocidente já pelos fins da Idade Média, ou em tempos posteriores, continuam, contudo, ligadas à Igreja Católica pelos laços de uma peculiar afinidade devida à longa convivência do povo cristão na comunhão eclesiástica durante os séculos passados. Visto que estas Igrejas e Comunidades Eclesiais, por causa da diversidade de origem, doutrina e vida espiritual não só diferem de nós mas também diferem consideravelmente entre si, descrevê-las de modo adequado é um trabalho muito difícil, que não entendemos fazer aqui.

Embora o movimento ecumênico e o desejo de paz com a Igreja Católica ainda não sejam vigorosos em toda a parte, temos a esperança de que crescerão pouco a pouco em todos o sentido ecumênico e a estima mútua.

É preciso, contudo, reconhecer que entre estas Igrejas e comunidades e a Igreja Católica há discrepâncias consideráveis, não só de índole histórica, sociológica, psicológica, cultural, mas sobretudo de interpretação da verdade revelada. Para que mais facilmente, não obstante estas diferenças, se possa estabelecer o diálogo ecumênico, queremos expor seguidamente alguns pontos que podem e devem ser o fundamento e o incentivo deste diálogo.

---

diversidade de origem, doutrina e vida espiritual dessas manifesta "discrepâncias consideráveis, não só de índole histórica, sociológica, psicológica, cultural, mas sobretudo na interpretação da verdade revelada" (**UR 19**). E apresenta quatro elementos como fundamento e incentivo do diálogo com essas Igrejas:

A confissão de Cristo

20. Consideramos primeiramente aqueles cristãos que, para glória de Deus único, Pai e Filho e Espírito Santo, abertamente confessam Jesus Cristo como Deus e Senhor e único mediador entre Deus e os homens. Sabemos existirem não pequenas discrepâncias em relação à doutrina da Igreja Católica, mesmo sobre Cristo, Verbo de Deus encarnado, e sobre a obra da redenção e por conseguinte sobre o mistério e o ministério da Igreja, bem como sobre a função de Maria na obra da salvação. Alegramo-nos, contudo, vendo que os irmãos separados tendem para Cristo como fonte e centro da comunhão eclesiástica. Levados pelo desejo de união com Cristo, são mais e mais compelidos a buscarem a unidade, bem como a darem em toda a parte e diante de todos o testemunho da sua fé.

Estudo da Sagrada Escritura

21. O amor e a veneração e quase o culto da Sagrada Escritura levam os nossos irmãos a um constante e cuidadoso estudo do texto sagrado: pois o Evangelho é "força de Deus para salvação de todo aquele que crê, primeiro do judeu, mas também do grego" (Rm 1,16).

---

a) *A fé em Cristo*: o cristocentrismo na fé das Igrejas da Reforma é "fonte e centro da comunhão eclesiástica" (**UR 20**). Tal é a base para buscar o entendimento comum sobre a encarnação do Verbo e sua obra redentora, o mistério e o ministério da Igreja, o papel de Maria na obra da salvação (**UR 20**).

b) *As Escrituras*: as Igrejas da Reforma manifestam real amor, veneração, "e o quase culto" à Sagrada Escritura, pois nela

Invocando o Espírito Santo, na própria Sagrada Escritura, procuram a Deus, que lhes fala em Cristo anunciado pelos profetas, Verbo de Deus por nós encarnado. Nela contemplam a vida de Cristo e aquilo que o divino Mestre ensinou e realizou para a salvação dos homens, sobretudo os mistérios da Sua morte e ressurreição.

Mas, embora os cristãos de nós separados afirmem a autoridade divina da Sagrada Escritura, pensam diferentemente de nós – cada um de modo diverso – sobre a relação entre a Escritura e a Igreja. Na Igreja, segundo a fé católica, o magistério autêntico tem lugar peculiar na exposição e pregação da palavra de Deus escrita.

No entanto, no próprio diálogo a Sagrada Escritura é um exímio instrumento na poderosa mão de Deus para a consecução daquela unidade que o Salvador oferece a todos os homens.

A vida sacramental: o Batismo, a Ceia do Senhor

22. Pelo sacramento do Batismo, sempre que for devidamente conferido segundo a instituição do Senhor e

---

entendem encontrar a Deus em Cristo e compreendem o seu projeto salvífico (**UR 21**). Isso é um elemento comum com a tradição católica. A diferença manifesta-se na relação entre a Escritura e a Igreja, bem como no lugar do magistério e sua função de interpretar e expor a verdade das Escrituras (**UR 21**). Mas as Escrituras são, certamente, uma base fundamental para o avanço do diálogo entre as Igrejas da Reforma e a Igreja Católica.

c) *Os sacramentos*: o terceiro fundamento do diálogo entre a Igreja Católica e as Igrejas oriundas da Reforma são os sacramentos. O Decreto reconhece o Batismo nessas Igrejas, pelo qual recebido com a devida disposição de alma, o homem é verdadeiramente incorporado em Cristo crucificado e glorificado, e regenerado para participar na vida divina, segundo esta palavra do Apóstolo: "Com Ele fostes sepultados no Batismo e n'Ele fostes conressuscitados pela fé no poder de Deus, que O ressuscitou dos mortos" (Cl 2,12).[3]

O Batismo, pois, constitui o vínculo sacramental da unidade que liga todos os que foram regenerados por ele. O Batismo, porém, de *per se* é o início e o exórdio, pois tende à consecução da plenitude de vida em Cristo. Por isso, o Batismo ordena-se à completa profissão da fé, à íntegra incorporação na obra da salvação, tal como o próprio Cristo o quis, e finalmente à total inserção na comunhão eucarística.

Embora falte às Comunidades Eclesiais de nós separadas a unidade plena conosco proveniente do Batismo, e embora creiamos que elas não tenham conservado a genuína e íntegra substância do mistério eucarístico, sobretudo por causa da falta do sacramento da Ordem, contudo, quando na Santa Ceia comemoram a morte e a ressurreição do Senhor, elas confessam ser significada a vida na comunhão de Cristo e esperam

---

[3] Cf. Rm 6,4.

---

seus membros são incorporados em Cristo e regenerados para participar da vida divina (**UR 22**). Por isso, o Batismo constitui um vínculo sacramental de unidade. Mas ele é apenas "o início e o exórdio", que tende à plenitude de vida em Cristo, à íntegra profissão de fé, à incorporação integral na obra da salvação e à comunhão eucarística (**UR 22**).

o Seu glorioso advento. É, por isso, necessário que se tome como objeto do diálogo a doutrina sobre a Ceia do Senhor, sobre os outros sacramentos, sobre o culto e sobre os ministérios da Igreja.

A vida com Cristo: liturgia e moral

23. A vida cristã destes irmãos alimenta-se da fé em Cristo e é fortalecida pela graça do Batismo e pela audição da palavra de Deus. Manifesta-se na oração privada, na meditação bíblica, na vida familiar cristã, no culto da comunidade congregada para o louvor de Deus. Aliás, o culto deles contém por vezes notáveis elementos da antiga Liturgia comum.

A sua fé em Cristo produz frutos de louvor e ação de graças pelos benefícios recebidos de Deus. Há também, entre eles, um vivo sentido da justiça e uma sincera caridade para com o próximo. Esta

---

Com relação à Eucaristia, a Igreja Católica vincula esse sacramento ao sacramento da Ordem. E como não reconhece também a validade das ordenações dessas Igrejas, consequentemente não reconhece a validade da Ceia celebrada pelos seus ministros. Isso, porém, não significa negar a totalidade da Ceia nas Igrejas da Reforma, nem a ministerialidade na ação de seus pastores. Por isso, "quando na Santa Ceia comemoram a morte e a ressurreição do Senhor, elas confessam ser significada a vida na comunhão de Cristo e esperam a sua vinda gloriosa" (**UR 22**).

d) *A vida com Cristo*: a fé em Cristo, a graça do Batismo e a escuta das Escrituras fundamentam a vida cristã nas Igrejas da Reforma (**UR 23**). Além disso, o "vivo sentido de justiça e uma sincera caridade para com o próximo" fazem com que os membros das Igrejas da Reforma tenham uma "fé operosa", que se

fé operosa produziu não poucas instituições para aliviar a miséria espiritual e corporal, promover a educação da juventude, tornar mais humanas as condições sociais da vida e estabelecer por toda parte a paz.

E, se em assuntos morais muitos dentre os cristãos nem sempre entendem o Evangelho do mesmo modo que os católicos, nem admitem as mesmas soluções para questões mais difíceis da sociedade hodierna, querem, no entanto, como nós, aderir à palavra de Cristo como fonte da virtude cristã e obedecer ao preceito do Apóstolo: "Tudo quanto fizerdes por palavra ou por obra, fazei tudo em nome do Senhor Jesus Cristo, dando graças a Deus Pai por Ele" (Cl 3,17). Daqui é que pode começar o diálogo ecumênico sobre a aplicação moral do Evangelho.

Exortação ao ecumenismo prudente e católico

24. Assim, após termos exposto brevemente as condições segundo as quais se pode exercer a ação ecumênica e os princípios pelos quais ela deve ser orientada, olhamos com confiança para o futuro.

---

manifesta em muitas instituições sociais, na educação da juventude, na construção da paz (**UR 23**).

Uma questão mais delicada diz respeito à aplicação moral do Evangelho. Católicos e protestantes entendem de modo diferente a relação entre Evangelho e sociedade, Evangelho e cultura, Evangelho e ciência. Essa é uma questão a ser aprofundada por um diálogo que ajude as Igrejas a se entenderem mutuamente sobre as virtudes cristãs que se fundamentam no Evangelho de Cristo que lhes é comum.

Este sagrado Concílio exorta os fiéis a absterem-se de qualquer zelo superficial ou imprudente que possa prejudicar o verdadeiro progresso da unidade. Com efeito, a sua ação ecumênica não pode ser senão plena e sinceramente católica, isto é, fiel à verdade que recebemos dos Apóstolos e dos Padres, e conforme à fé que a Igreja Católica sempre professou, e ao mesmo tempo tendente àquela plenitude mercê da qual o Senhor quer que cresça o Seu corpo no decurso dos tempos.

Este sagrado Concílio deseja insistentemente que as iniciativas dos filhos da Igreja Católica juntamente com as dos irmãos separados se desenvolvam; que não se ponham obstáculos aos caminhos da Providência; e que não se prejudiquem os futuros impulsos do Espírito Santo. Além disso, declara estar consciente de que o santo propósito de reconciliar todos os cristãos na unidade de uma só e única Igreja de Cristo excede as forças e a capacidade humana. Por isso, coloca inteiramente a sua esperança na oração de Cristo pela Igreja, no amor do Pai para conosco e na virtude do Espírito Santo. "E a esperança não será confundida, pois o amor de Deus se derramou em nossos corações pelo Espírito Santo que nos foi dado" (Rm 5,5).

Promulgação

Todo o conjunto e cada um dos pontos que foram enunciados neste Decreto pareceram bem aos Padres do sacrossanto Concílio. E nós, pelo poder apostólico por Cristo a nós confiado, juntamente com os veneráveis Padres, no Espírito Santo os aprovamos, decretamos e estatuímos.

Ainda ordenamos que o que foi assim determinado em Concílio seja promulgado para a glória de Deus.

Roma, junto de São Pedro,
no dia 21 de novembro de 1964.

Eu, Paulo, bispo da Igreja Católica
(Seguem-se as assinaturas dos Padres Conciliares)

Declaração *Dignitatis Humanae* – sobre a liberdade religiosa

O percurso da discussão conciliar

No momento em que se abria o Concílio, havia um texto que tratava da tolerância, elaborado pela Comissão Teológica preparatória do Concílio, e outro sobre a liberdade religiosa, elaborado pelo Secretariado para a Unidade dos Cristãos.[1] Dada a natureza diversa dos textos, criou-se uma comissão para os trabalhar, que parece nunca ter se reunido. No final da primeira sessão do Concílio, não havia proposta concreta sobre o assunto.

O tema foi apresentado pelo cardeal Suenens, na reunião da Comissão Coordenadora do Concílio, em 4 de julho de 1963. Em novembro, a Comissão Teológica discutiu o texto em sua reunião plenária e foi com muita dificuldade que se aprovou o capítulo sobre liberdade religiosa como base de discussão.

No curso do segundo período do Concílio, quando se ia proceder à discussão do esquema sobre *De Oecumenismo*, foram apresentados dois novos capítulos a esse esquema, um sobre os judeus e outro sobre a liberdade religiosa. Ele foi apresentado por De Smedt, bispo de Bruges, no dia 19 de novembro. No dia 23 de setembro, começou-se a estudar o texto. Um tema difícil de ser tratado, não apenas como reivindicação de direitos da própria Igreja,

---

[1] FLICHE, A.; MARTÍN, V. Historia de la Iglesia; el Concilio Vaticano II. In: ROUQUETTE, R. *Historia de la Iglesia*. Valencia: Edicep, 1978. v. XXVIII, p. 395.

como também enquanto reconhecimento da liberdade de consciência de todas as pessoas.

Havia grande expectativa sobre o tema, sobretudo dos bispos residentes em países com acentuado pluralismo religioso e confessional. O tema não era novo, já havia sido abordado na encíclica *Pacem in Terris* – e esse capítulo do *De Oecumenismo* estava pronto antes mesmo da publicação da encíclica, contendo a mesma doutrina da liberdade afirmada pela encíclica. Havia o reconhecimento do direito natural da pessoa de seguir sua consciência em questões religiosas, de modo que a fé não pode ser imposta por nenhuma razão. E isso não diz respeito apenas ao indivíduo, em sua liberdade interior de consciência, mas à sociedade como um todo, a qual deve assegurar o direito à liberdade de culto e de manifestação da convicção religiosa de seus membros.

A questão principal era como fundamentar teologicamente que a liberdade religiosa, sempre reivindicada pela Igreja Católica, valia também para pessoas de outras Igrejas e religiões. Negar essa questão seria negar os princípios constitucionais dos Estados. E significava também renunciar à recorrente tentativa de pedir proteção do Estado à fé católica, sobretudo nos países onde o catolicismo possuía algum tipo de proteção estatal. Enfim, não se podia dar a entender que a Igreja era contra a liberdade, social e religiosa. No debate realizado em 25 de setembro, concluiu-se que a liberdade religiosa não fere a verdade da revelação cristã. Pois a verdade do Evangelho impõe-se a todas as pessoas por força própria, pela ação da graça, e só pode florescer num clima de liberdade.[2]

---

[2] Destaca-se nesse sentido, além de outros padres conciliares, o posicionamento de Karol Wojtyla, entendendo ser a liberdade religiosa uma forma de opor-se ao regime comunista.

O esquema apresentado por De Smedt deixava muitas questões em aberto, de modo que se resolveu protelar a discussão para o próximo período do Concílio. Durante o período de intercessão do Concílio, de dezembro de 1963 a setembro de 1964, o texto foi trabalhado. O mês de novembro do terceiro período foi tenso devido à *Nota explicativa prévia* apresentada sobre o esquema do *De Ecclesia*. E, no dia 19 de novembro, a tensão aumentou ainda mais quando o cardeal Tisserant, presidente do Conselho de Presidência do Concílio, comunicou que a declaração sobre a liberdade religiosa não mais seria submetida aos padres para novas votações, pois era um texto novo que precisava ser estudado, no período seguinte do Concílio. Essa comunicação parecia ter relação com o posicionamento de um grupo de bispos espanhóis contrários à Declaração, que usavam do regulamento das discussões para adiar a votação da Declaração. Foi inútil a atitude de 441 bispos escreverem ao Papa pedindo a votação do texto, que na verdade já estava pronto desde o dia 24 de outubro. Aos 24 de setembro, iniciaram-se os debates sobre a liberdade religiosa, que duraram quatro congregações, até o dia 28, quando se encerrou sem votação.

No quarto período dos trabalhos do Concílio, aos 15 de setembro de 1965, a assembleia retomou o estudo do esquema sobre a liberdade religiosa. Alguns padres que haviam sofrido restrições à própria liberdade, por parte dos nazistas e dos comunistas (o polonês Wyszynsky e o tcheco Beran), intervieram fortemente. Reivindicaram os direitos da Igreja mas também confessaram os erros que em nome da Igreja eram cometidos, como a fogueira que queimou o boêmio João Hus. Afirmou-se que "a violência usada em favor da fé prejudica a própria fé".[3] Assim, a

---

[3] ALBERIGO, G. *História dos Concílios Ecumênicos*. São Paulo: Paulus, 1995. p. 432.

liberdade religiosa aparecia como fundamental para as religiões e para a sociedade, consciência que na votação da Declaração nessa seção, em 19 de novembro, teve apenas 249 votos contrários.

Por fim, na IX sessão solene, de 7 de dezembro de 1965, última sessão do Concílio Vaticano II, foi aprovada a Declaração sobre a liberdade religiosa, *Dignitatis Humanae*, com 2.308 votos a favor, 70 contra e 8 nulos.

Análise da *Dignitatis Humanae*

A Declaração DH é um dos documentos conciliares que melhor expressam o esforço de atualização e integração da Igreja na sociedade atual, que tem como uma de suas principais características o pluralismo religioso – junto com a diversidade cultural, étnica, econômica, política etc. O pluralismo religioso é, de um lado, a democratização do universo religioso da sociedade e, de outro, uma exigência de liberdade religiosa. Nesse contexto, não tem lugar a reivindicação por hegemonia religiosa. Os padres conciliares são sensíveis a esse fato, e buscam encontrar o lugar e o modo de ser da Igreja num mundo religiosamente plural.

Assim, a liberdade é constitutiva da sociedade democrática. Nela, as tradições religiosas exigem ser reconhecidas como legítimas em suas reivindicações para existir e se expressar, e a igualdade de direitos lhes possibilita esse reconhecimento.

Mas há critérios para isso. Não é o simples fato de um grupo se afirmar como religioso que lhe garante o direito de existência e ação no meio social. A própria sociedade apresenta pelo menos três exigências para as tradições religiosas: (1) ser um *universo de sentido*: uma religião tem como finalidade ser fonte de sentido e de significado para a vida humana, individual e coletiva. Ela precisa fornecer para as pessoas valores e opções a serem seguidos, orientando-as no caminho da realização; (2) *a socialização*: a religião permite às pessoas criar laços de proximidade e convivência com os outros. Seus membros criam redes de relacionamentos significativos, que lhes dão segurança e conforto na contramão das adversidades do cotidiano; (3) *contribuição social*: os dois fatores acima observados levam a religião a cumprir uma função social. Ela é promotora de valores comuns no campo da ética e da justiça social, favorecendo a igualdade e a liberdade para todos. Aqui a importância da referência mútua dos diferentes sistemas religiosos.

Assim, não é apenas a doutrina o que legitima a existência de uma tradição religiosa nas sociedades democráticas. Sua forma de ser no meio social é fundamental na sua reivindicação de legitimidade e de liberdade. Esses fatores socioantropológicos estão na base da compreensão teológica de uma religião.

A declaração DH integra a Igreja nesse contexto religiosamente plural. E, nele, afirma a liberdade religiosa como um direito humano fundamental. Nesse sentido, o Concílio caminha *pari passu*, de um lado, com o contexto religioso plural e, de outro, com as reivindicações de igualdade e de liberdade na sociedade atual.

O percurso histórico da liberdade religiosa

Ao longo da história, as afirmações de "liberdade religiosa" e as atitudes de "tolerância" às vezes se confundem. E sempre foi mais fácil tolerar o outro, do que lhe conceder real liberdade para ser tal como é. Mas a liberdade de consciência, de crença e de opinião representa o fundamento ou a pedra angular sobre a qual se busca construir uma sociedade livre. Ela é complexa porque sua compreensão envolve as ciências jurídicas, a história, a teologia, a filosofia, a antropologia, as ciências da religião, a psicologia, entre outras. E tal complexidade mostra também como a questão é delicada em sua afirmação no contexto plural do mundo atual. Ademais, o tema envolve questões extremamente discutidas, como a observância do sábado bíblico, do domingo e de festas religiosas no calendário civil, o ensino religioso nas escolas públicas e o diálogo das religiões. Enfim, a liberdade religiosa é, juridicamente, o que garante a separação entre religião e Estado, e está além da tolerância, como um direito de todo cidadão.

Segundo Mauricio Scheinmam, "foi no século III d.C. que a expressão 'liberdade religiosa' (*libertas religionis*) foi, provavelmente, utilizada pela primeira vez, por Tertuliano, quando, tendo se convertido ao cristianismo, passou a defender a liberdade religiosa em face do Império Romano".[1] Tal liberdade foi afirmada em diferentes graus ao longo da história, e de vários modos ela foi limitada: por pagamentos de tributos, por leis que a intimidam, pela privação de outros direitos sociais. O forte sincretismo no Império Romano e na Grécia ajudou as comunidades a possuírem seus próprios costumes. E todo conflito público em matéria religiosa era entendido como uma violação dos direitos comuns.

Mas, onde as religiões possuíam vínculos com o poder público, a situação era outra. É o que se constata, por exemplo, na história do judaísmo, do cristianismo, do islamismo. Quando a ordem estabelecida se sente ameaçada, entra em funcionamento o sistema de repressão que afeta

---

[1] SCHEINMAN, Maurício. Liberdade religiosa e escusa de consciência. Alguns apontamentos. In: *Jus*, Navigandi, Teresina, ano 10, n. 712, junho 2005.

também o comportamento religioso das pessoas. Esta foi a razão da perseguição dos cristãos quando recusaram a prestar culto ao imperador romano. No século XVI, os conflitos entre católicos e luteranos na Alemanha mostram bem a intensidade das controvérsias sobre a liberdade religiosa. Em 1555, é estabelecida a *Paz de Augsburgo*, pela qual católicos e luteranos passaram a se "tolerar", agora identificando o comportamento religioso dos fiéis com a religião do príncipe da região. Mas católicos e luteranos perseguiam outras expressões de fé, como o anabatismo. Atitude semelhante foi tomada por João Calvino em Genebra, onde o governo teocrático proibia outras religiões de se manifestarem. Em 1558, a *Dieta da Transilvânia de Turda* concedia a liberdade para católicos e luteranos mas proibia o calvinismo. Enfim, em 1568, o *Edito de Turda* surge como a lei considerada por muitos historiadores a primeira garantia legal de liberdade religiosa na Europa, estendendo o acordo de 1558 para todas as religiões ao declarar que "Não é permitido a ninguém intimidar alguém com prisão ou expulsão devido à sua religião". Em 1763, Voltaire escreve o seu *Tratado sobre a tolerância*, afirmando que o cristianismo deveria ser, por sua própria natureza, a religião mais tolerante, embora não seja isso que se observa sempre.[2]

Nas sociedades contemporâneas, as aspirações por igualdade de direitos, liberdade de pensamento e de religião são condensadas sobretudo no artigo 18 da *Declaração Universal dos Direitos Humanos*, da ONU: "Todo o homem tem direito à liberdade de pensamento, consciência e religião; este direito inclui a liberdade de mudar de religião ou crença e a liberdade de manifestar essa religião ou crença,

---

[2] VOLTAIRE. *Tratado sobre a tolerância*. São Paulo: Martins Fontes, 1993.

pelo ensino, pela prática, pelo culto e pela observância, isolada ou coletivamente, em público ou em particular".

E, caminhando com a cultura do tempo, a afirmação da liberdade religiosa inclui também o direito que as pessoas possuem de não terem uma religião ou até mesmo de não crerem em Deus.

Passados 31 anos, a Assembleia Geral da ONU publicou, em 25 de novembro de 1981, a *Declaração sobre a Eliminação de Todas as Formas de Intolerância e Discriminação Fundadas na Religião ou nas Convicções*, reiterando no art. 1 que "toda pessoa tem o direito de liberdade de pensamento, de consciência e de religião". Combate todas as formas de inibição dessa liberdade, sobretudo a discriminação e a intolerância (arts. 2 e 3). Essa posição foi recentemente reafirmada pela *Resolução de Combate à Difamação Religiosa*, aprovada pelo Conselho de Direitos Humanos da ONU, em março de 2007.

Mas... como é na atualidade a observância desses princípios?

A observância dos princípios acerca da liberdade religiosa em muitos países na atualidade não é nada animadora. Em muitos lugares proliferam atitudes de intolerância religiosa, conflitos entre grupos religiosos, hostilidades para com pessoas e grupos de outras religiões, perseguição e morte por motivos religiosos. O Departamento de Estado norte-americano em seu Relatório Internacional sobre Liberdade Religiosa, publicado em novembro de 2010, mostra que a falta de liberdade religiosa é grave em muitos países. E descreve as principais situações nas quais a liberdade religiosa não é respeitada: *(1) Governos autoritários*: situação na qual se cometem o maior número de abusos ao direito à liberdade religiosa. Nos países onde há esse tipo de governo, estes buscam controlar o pensamento e a expressão religiosa dos cidadãos, considerando alguns grupos religiosos como inimigos do Estado por compreenderem que apresentam crenças alternativas que, segundo eles, desafiam a ideologia dominante. *(2) Hostilidade com relação aos grupos religiosos não tradicionais e minoritários*: embora não exerça um controle completo, os governos desrespeitam a liberdade religiosa por atos de intimidação e assédio às comunidades religiosas e não fazem nada diante de atos de intolerância contra elas. É um problema maior quando um governo é formado por um grupo étnico ou religioso majoritário, que reprime as minorias. *(3) Incapacidade para lidar com a intolerância social*: alguns Estados não conseguem resolver a intolerância contra certos grupos religiosos. Embora possa haver leis que garantem a liberdade religiosa, isso não é suficiente. *(4) Discriminação institucionalizada*: às vezes, o governo restringe a liberdade religiosa aprovando leis discriminatórias ou promovendo ativamente uma religião em vez de outra – o que pode discriminar comunidades religiosas novas ou historicamente reprimidas. *(5) Ilegitimidade*: alguns governos discriminam grupos específicos, alegando que eles são ilegítimos ou perigosos para os indivíduos ou para a ordem social. Nesta situação, tais grupos são descritos como "cultos" ou "seitas".

A organização católica *Ajuda à Igreja que Sofre* (AIS), em seu Relatório sobre a Liberdade Religiosa, apresentado também em novembro de 2010, afirma que 200 milhões de cristãos são perseguidos no mundo e outros 150 milhões são discriminados por sua religião. Na Europa, muitos que não são perseguidos sofrem *bullying*. O relatório analisa 194 países, constatando problemas em cerca de 90 deles.[3] Isso mostra que a liberdade religiosa não se afirma apenas por tratados e declarações. Precisa da convicção sobre o seu valor como constitutivo da dignidade da pessoa, constitutivo da sociedade democrática, constitutivo da própria religião. Entendemos que essa é a compreensão da Declaração DH, ao afirmar que a liberdade não é fruto de fatores circunstanciais, mas tem seu fundamento na "dignidade da pessoa" e na "revelação de Deus". Somente assim ela pode ser a garantia de todos os demais direitos do ser humano. Tal é o que afirmou o Papa João Paulo II, em sua mensagem anual aos chefes de Estado, em 1999: "A liberdade religiosa constitui o coração dos direitos humanos. Essa é de tal maneira inviolável que exige que se reconheça às pessoas a liberdade de mudar de religião se assim sua consciência demandar. Cada qual, de fato, é obrigado a seguir sua consciência, em todas as circunstâncias, e não pode ser constrangido a agir em contraste com ela. Devido a esse direito inalienável, ninguém pode ser obrigado a aceitar pela força uma determinada religião, quaisquer que sejam as circunstâncias ou as motivações". Por sua vez, o Papa Bento XVI tratou o tema "liberdade religiosa" quando se dirigiu ao novo embaixador do Irã junto à Santa Sé, em 29 de outubro de 2009. Bento XVI afirmou que, "entre os direitos universais, a liberdade religiosa e a liberdade de consciência ocupam um lugar essencial, porque são a fonte das outras liberdades". Aqui,

---

[3] Entre eles vários dos países mais populosos do mundo: China, Índia, Indonésia, Rússia e Paquistão. Segundo o Relatório, os países onde se produzem as maiores violações à liberdade religiosa hoje são Arábia Saudita, Bangladesh, Egito, Índia, China, Uzbequistão, Eritreia, Nigéria, Vietnã, Iêmen e Coreia do Norte.

as Declarações da ONU, dos Papas e os relatórios apresentados estão em sintonia com a Declaração DH, afirmando a liberdade religiosa como base essencial para a sociedade que promove a dignidade humana e para as democracias sustentáveis.

Os passos da liberdade

A afirmação da tolerância

Como visto, em algumas regiões do mundo, o pluralismo religioso é ainda hoje cerceado em sua organização e manifestação social. Onde isso acontece, vigora o princípio da equivalência entre cultura e religião, política e religião, economia e religião.[4] Nesses contextos, a liberdade religiosa é vista como ameaça à estabilidade da relação entre esses polos e como ameaça, também, à ideologia social. É difícil reconhecer que o direito de acreditar ou não acreditar, sem medo de intervenção ou restrição de nenhum governo, é um direito humano básico.

Esse fato expressa uma posição de intolerância para com as diferenças, sejam elas culturais, políticas ou religiosas. E da intolerância ao totalitarismo a distância é muito curta. Sistemas totalitários necessitam de uniformidade em todas as expressões da vida social, incluindo a religião. É uma forma de controlar a vida dos cidadãos em todas as dimensões de sua existência.

Tal é o significado de *intolerância*: a pretensão de possuir "a verdade", "a certeza", o que torna alguém incapaz

---

[4] Na antiguidade, diversas civilizações se desenvolveram fundamentadas sob o manto de alguma crença. Culturas inteiras como a dos egípcios antigos, dos maias, dos persas e tantas outras viviam sob a égide da teocracia. A figura do governante confundia-se com a de um Deus ou representante seu, estando o poder, assim, justificado pela escolha deste.

de aceitar outros posicionamentos. E "toda intolerância tende ao totalitarismo" ("integrismo", em matéria religiosa). Ser *intolerante* é manter atitudes de ódio sistemático, de agressividade irracional em relação aos outros, à sua maneira de ser, a seu estilo de vida, a suas crenças e convicções. Tradicionalmente, a religião tem sido o principal agente da intolerância, como também sua vítima.

Onde isso acontece, está-se ainda no primeiro passo para a liberdade: a busca da tolerância. Podemos "tolerar" a existência de alguém em nosso meio sem "aceitar/acolher" sua presença, seu modo de ser. Tolerar o outro não significa *reconhecer* o seu valor. Trata-se mais de uma atitude de resignação diante de sua presença, mas sem possibilidade de estabelecer relação positiva com ele.

Tal é o significado primeiro do termo latino *tolerantia*, que procede de *tolero*, significando suportar um peso ou a constância em suportar algo. No passado, *tolerantia* tinha sentido negativo, designando as atitudes permissivas por parte das autoridades diante de atitudes sociais impróprias ou erradas (por exemplo, a prostituição). O termo aparece com força nos conflitos religiosos entre católicos e protestantes no século XVI: "Os católicos acabaram por tolerar os protestantes, e reciprocamente. Depois foi reclamada a tolerância em face de todas as religiões e de todas as crenças".[5]

Da tolerância ao reconhecimento dos direitos do outro

A atitude de *tolerantia* precisa ser estendida positivamente, levando à virtude que reconhece nos demais o "direito" de existência com suas opiniões e atitudes diferentes e de as difundir e manifestar pública ou privadamente.

---

[5] LALANDE, A. *Vocabulário técnico e crítico de filosofia*. São Paulo: Martins Fontes, 1993.

A partir do século XIX, esse direito estendeu-se ao livre pensamento e, no século XX, passou a ser afirmado em acordos internacionais.

Assim, a simples tolerância é superada pelo reconhecimento dos direitos dos outros em diversos domínios: *social* – o direito de uma pessoa ou de um grupo de poder organizar livremente sua própria existência; *moral* – o direito a ser diferente em seus valores; *religioso* – o direito a ser diferente em suas crenças.

O filósofo Locke entende que tolerância é "parar de combater o que não se pode mudar".[6] Para nós, isso é pouco. Tomás de Aquino diz que a tolerância é o mesmo que a paciência, que por sua vez é o bom humor ou o amor que nos faz suportar as coisas ruins ou desagradáveis. Aqui consideramos *tolerantia* como a porta para o "reconhecimento" do valor do outro em si mesmo, e não a partir do que *eu* penso dele. É o direito que o outro tem de ser o que é, na mesma medida em que exijo para mim o direito de ser o que sou.

Do reconhecimento à acolhida

O reconhecimento do outro conduz à acolhida. Ele é aceito em seu modo de ser e agir, em sua verdade, em suas diferenças, e não apenas pelo que possui de sintonia com minhas convicções e meu modo de ser e de agir. Compreender e acolher resume o relacionamento humano ideal. Nem sempre a compreensão leva à acolhida, mas esta nunca existe sem aquela. Não há nenhuma obrigação em acolher a verdade do outro, mas ele tem o direito de ser ao menos compreendido em sua verdade. Essa compreensão

---

[6] LOCKE, J. *Cartas sobre a tolerância*. Lisboa: Edições 70, 2000.

não pode ser confundida com a cumplicidade no erro. Compreender exige compromissos para com a verdade. As pessoas aprendem a se compreender, a se acolher mutuamente e a conviver exercitando a vontade para isso nos encontros e desencontros do cotidiano. Nesses encontros, impõe-se uma relação de respeito que vai além do formalismo. O respeito formal exige apenas a partilha de regras de jogo aceitas por todos. A acolhida exige outro respeito, expressão de um olhar profundo e contemplativo no universo do outro. É um respeito de veneração, que se deixa atrair, cativar, ser penetrado pelo mistério reconhecido no outro. Esse respeito leva à inclusão, permite ver em mim verdades que estão fora de mim; e ver no outro verdades que estão em mim. Esse tipo de acolhida procede do reconhecimento da liberdade da existência das diferenças.

Da acolhida ao diálogo e à convivência

Isso tudo é um processo de educação para a convivência das diferenças. Esse processo desperta para uma disponibilidade interior que leva a *querer* conviver com o outro. Para tanto, é preciso ultrapassar a atitude de tolerância, reconhecendo no outro o direito de ser. Isso acontece à medida que se leva a sério o outro como ele é em suas convicções e comportamentos. Essa é a base para o diálogo e a cooperação, que expressam uma caminhada conjunta na busca da verdade.

A capacidade de dialogar com outras expressões de fé expressa e supõe a afirmação da liberdade religiosa. Só dialogam pessoas que se sentem livres para ser e para expressar o que são. Foi por compreender isso que o Papa Paulo VI afirmou na Carta encíclica *Ecclesiam Suam*

(Sobre os caminhos da Igreja), de 6 de agosto de 1964, no parágrafo 60:

> Não queremos deixar de reconhecer desde já, com respeito, os valores espirituais e morais das várias confissões religiosas não cristãs; queremos promover e defender, juntamente com elas, os ideais que nos podem ser comuns, no campo da liberdade religiosa, da fraternidade humana, da sã cultura, da beneficência social e da ordem civil. Apontando a esses ideais comuns, o diálogo é possível do nosso lado; e não deixaremos de propô-lo, sempre que haja de ser bem aceito, num clima de respeito recíproco e leal.

Mas "diálogo" não é um conceito suficientemente esclarecido na Igreja, nem uma prática estabelecida em todos os ambientes eclesiásticos, teológicos e pastorais. Por vezes, a Igreja não passou pela prova do diálogo, por acentuar posições de apologia exclusiva e excludente, como no caso de Galileu Galilei, Copérnico, na relação com elementos da cultura dos séculos XVIII e XIX, anatematizados no *Syllabus* de 1864, entre outros.

Não se julga a história. É sabido que a relação da Igreja com a sociedade e grupos religiosos por vezes acontece em contextos e situações que pouco favorecem um diálogo que possibilite compreensão e consensos mútuos. E muitas vezes ele se realiza com resistências, escrúpulos e temores que colocam dúvidas sobre sua convicção e objetivos. Não poucas vezes o insucesso do diálogo deve-se ao fato de ele estar amarrado a posturas intransigentes de ambas as partes.

O fato é que a explicitação do valor do diálogo nas atitudes e nos documentos eclesiásticos é recente. Ele ganha força mesmo a partir do Concílio Vaticano II, onde a

Igreja dialoga com o mundo, com as culturas, com as ciências (*Gaudium et Spes*), com as diversas tradições eclesiais (*Unitatis Redintegratio, Orientalium Eclesiarum*) e com as religiões (*Dignitatis Humanae, Nostra Aetate*). Na Declaração DH, a Igreja não apenas afirma a liberdade religiosa, mas sabe que a partir dessa afirmação deve aprender a dialogar e a conviver com as diferentes tradições religiosas. Para tanto, há que se fazer o esforço contínuo para que a convivência inter-religiosa possibilite o encontro e complementaridade, prevenindo contra o dogmatismo, o fanatismo, o fundamentalismo religioso, o totalitarismo político, que são causas de todo exclusivismo. A liberdade para que a verdade se expresse em cada tradição religiosa clama por interação entre elas. Isso ajuda a "transformar o olhar ingenuamente egoísta num olhar crítico e autocrítico".[7]

Novo olhar sobre o pluralismo religioso

Isso não acontece, contudo, sem dificuldades práticas. E a principal é saber situar-se positivamente no contexto religioso plural da atual sociedade. Nesse contexto, não há mais lugar para a posição que se recusa categoricamente a reconhecer qualquer valor na outra tradição religiosa. Essa atitude de negação absoluta é a base dos imperialismos, invasões, conquistas, colonialismos, acompanhadas de proselitismo missionário que empreenderam e empreendem as religiões e culturas exclusivistas.

A Declaração DH, ao afirmar a liberdade religiosa, com as exigências da compreensão, da acolhida, do diálogo e da convivência, com atitudes de respeito reverente, busca contribuir para a superação de toda pretensão de exclusivismo

---

[7] SUESS, P. *Introdução à teologia da missão*. Petrópolis: Vozes, 2007. p. 169.

religioso, sem abdicar da própria convicção e identidade religiosa. Alguns fatores são fundamentais para isso:

1) Reconhecer a superabundância de sentido do divino nas religiões. O pluralismo pode mostrar a amplitude da percepção do Mistério do Deus Inefável. As fronteiras que configuram a expressão do meu credo não eliminam a universalidade do Mistério, do Transcendente, do Divino, do Sagrado. Ele pode manifestar-se em horizontes culturais, espirituais e institucionais distintos. Isso implica o reconhecimento de "verdade e santidade" (NA 2) no interior do pluralismo religioso. Mesmo não afirmando que todas as religiões são iguais, pode-se dizer que toda verdadeira experiência do divino é realmente religiosa. Não acontecem em uma mesma forma, mas explicitam a unicidade do Mistério que é origem e fim de todo ser humano (NA 1). Logo, não se pode deslegitimar uma experiência religiosa sincera apenas pelo fato de não ser realizada na *forma* da *minha* experiência. A experiência do sagrado é algo inusitado, e há uma superabundância de sentido do divino que transcende todas as tradições religiosas.

2) Ser diferente não é ser oposição. É preciso entender que o pluralismo religioso não implica logicamente confronto e oposição mútua entre os credos. Em si ele manifesta, primeiramente, possibilidades de encontros mais do que desencontros. É próprio da religião estabelecer a conexão, o vínculo, a relação. O coração da religião é formado por veias interligadas que se comunicam, unem, integram. Por isso o coração de uma religião é de relação, de harmonia, de paz. É a ideologização (cultural, política, econômica) da religião que leva a conflitos e oposição. Assim, não se deve entender o pluralismo como conflitivo e divisionista em si mesmo. O conflito surge do posicionamento que

se tem em seu meio. A divisão implica *querer* viver sem o outro e contra ele, negando-o em seu modo de ser. Isso não é próprio da religião, mas do uso que dela se faz. Os fatores de distanciamento institucional, doutrinal, espiritual, não suprimem o vínculo espiritual existente entre todos os membros da família humana. Logo, a divisão entre as instituições religiosas e a divisão entre as pessoas não estão no mesmo nível.

3) Os conflitos religiosos atuais não podem ser justificados pelas causas do passado. Atualmente, os líderes religiosos têm mais condições de uma reinterpretação de suas fontes, suas origens, sua história, colocando o seu universo religioso em um novo horizonte semântico e contextual, onde se pode verificar a existência de vínculos com outros universos religiosos. Outrora, razões históricas, políticas, sociais mesclaram-se com razões religiosas para fortalecer interesses de pessoas e grupos. Tal fato não pode ter continuidade no presente. As religiões podem mudar o método e a impostação de suas compreensões da verdade. As razões particulares das tradições religiosas não podem ser determinantes nas relações entre elas. Determinante é o Mistério que as sustenta. E o Mistério tem força unitiva, congregadora, de coesão mais do que de dispersão entre os membros das diferentes tradições religiosas. Daqui o direito de cada pessoa poder expressar suas crenças e a possibilidade para uma interação entre as tradições religiosas, contribuindo para que a humanidade inteira viva na justiça e na paz. Tal é o principal ensinamento da Declaração *Dignitatis Humanae*.

Texto e comentário
Declaração *Dignitatis Humanae* sobre a liberdade religiosa

A Declaração é composta por um proêmio, dois capítulos e uma conclusão. No proêmio existe a constatação de que o ser humano em nossos dias é mais consciente do valor de sua dignidade, busca agir com suas próprias convicções e sua consciência. Isso diz respeito tanto à exigência de liberdade na sociedade, quanto à liberdade no exercício de sua própria religião. Não aceitam ser "forçados por coação mas levados pela consciência do dever" (**DH 1**). Todos têm o dever de buscar e viver na verdade, e tal dever atinge a própria consciência. Diante disso, a Igreja sente fazer parte dessa missão apresentar sua compreensão da verdade revelada por Deus como sendo o caminho de felicidade em Cristo (**DH 1**).

Proêmio

O problema da liberdade religiosa na atualidade

1. Os homens de hoje tornam-se cada vez mais conscientes da dignidade da pessoa humana e,[1] cada vez em maior número, reivindicam a capacidade de agir segundo a própria convicção e com liberdade responsável, não forçados por coação mas levados pela consciência do dever. Requerem também que o poder público seja delimitado juridicamente, a fim de que a honesta liberdade das pessoas e das associações não seja restringida mais do que é devido. Esta exigência de liberdade na sociedade humana diz respeito principalmente ao que é próprio do espírito, e, antes de mais, ao que se refere ao livre exercício da religião na sociedade. Considerando atentamente estas aspirações, e propondo-se declarar quanto são conformes à verdade e à justiça, este Concílio Vaticano investiga a sagrada tradição e doutrina da Igreja, das quais tira novos ensinamentos, sempre concordantes com os antigos.

Em primeiro lugar, pois, afirma o sagrado Concílio que o próprio Deus deu a conhecer ao gênero humano o caminho pelo qual, servindo-O, os homens se podem salvar e alcançar a felicidade em Cristo. Acreditamos que esta única religião verdadeira se encontra na Igreja Católica e apostólica, à qual o Senhor

---

[1] Cf. João XXIII, Encíclica *Pacem in terris*, 11 abril 1963: AAS 55 (1963), 279; ibid. p. 265; Pio XII, Radiomensagem, 24 dez. 1944: AAS 37 (1945), 14.

Jesus confiou o encargo de levar a todos os homens, dizendo aos Apóstolos: "Ide, pois, fazer discípulos de todas as nações, batizando-os em nome do Pai, do Filho e do Espírito Santo, ensinando-os a cumprir tudo quanto vos prescrevi" (Mt 28,19-20). Por sua parte, todos os homens têm o dever de buscar a verdade, sobretudo no que diz respeito a Deus e à sua Igreja e, uma vez conhecida, de a abraçar e guardar.

O sagrado Concílio declara igualmente que tais deveres atingem e obrigam a consciência humana e que a verdade não se impõe de outro modo senão pela sua própria força, que penetra nos espíritos de modo ao mesmo tempo suave e forte. Ora, visto que a liberdade religiosa, que os homens exigem no exercício do seu dever de prestar culto a Deus, diz respeito à imunidade de coação na sociedade civil, em nada afeta a doutrina católica tradicional acerca do dever moral que os homens e as sociedades têm para com a verdadeira religião e a única Igreja de Cristo. Além disso, ao tratar desta liberdade religiosa, o sagrado Concílio tem a intenção de desenvolver a doutrina dos últimos Sumos Pontífices acerca dos direitos invioláveis da pessoa humana e da ordem jurídica da sociedade.

Capítulo I
Doutrina geral acerca da liberdade religiosa

Sujeito, objeto e fundamento da liberdade religiosa

2. Este Concílio Vaticano declara que a pessoa humana tem direito à liberdade religiosa. Esta liberdade consiste no seguinte: todos os homens devem estar livres de coação, quer por parte dos indivíduos, quer dos grupos sociais ou qualquer autoridade humana; e de tal modo que, em matéria religiosa, ninguém seja forçado a agir contra a própria consciência, nem impedido de proceder segundo a mesma, em privado e em público, só ou associado com outros, dentro dos devidos limites. Declara, além disso, que o direito à liberdade religiosa se funda realmente na própria

---

No item I, a Declaração aborda seis temas:

a) *Objeto e fundamento da liberdade religiosa*: a afirmação e o direito à liberdade religiosa consistem em "estar livre de coação" de qualquer natureza (**DH 2**), de modo que ninguém pode agir contra a própria consciência. Esse direito tem seu fundamento na própria dignidade da pessoa humana. Para os cristãos, ele é revelado na Palavra de Deus e "deve ser de tal modo reconhecido que se torne um direito civil" (**DH 2**). Todos têm o direito de buscar a verdade e aderir à verdade conhecida, ordenando segundo ela sua própria vida.

dignidade da pessoa humana, como a palavra revelada de Deus e a própria razão a dão a conhecer.[1] Este direito da pessoa humana à liberdade religiosa na ordem jurídica da sociedade deve ser de tal modo reconhecido que se torne um direito civil.

De harmonia com a própria dignidade, todos os homens, que são pessoas dotadas de razão e de vontade livre e por isso mesmo com responsabilidade pessoal, são levados pela própria natureza e também moralmente a procurar a verdade, antes de mais a que diz respeito à religião. Têm também a obrigação de aderir à verdade conhecida e de ordenar toda a sua vida segundo as suas exigências. Ora, os homens não podem satisfazer a esta obrigação de modo conforme com a própria natureza, a não ser que gozem ao mesmo tempo de liberdade psicológica e imunidade de coação externa. O direito à liberdade religiosa não se funda, pois, na disposição subjetiva da pessoa, mas na sua própria natureza. Por esta razão, o direito a esta imunidade permanece ainda naqueles que não satisfazem à obrigação de buscar e aderir à verdade; e, desde que se guarde a justa ordem pública, o seu exercício não pode ser impedido.

A liberdade religiosa da pessoa e a vinculação do homem a Deus

3. Tudo isto aparece ainda mais claramente quando se considera que a suprema norma da vida humana é a

---

[1] Cf. João XXIII, Encíclica *Pacem in terris*, 11 abril 1963: AAS 55 (1963), 260-261, Pio XII, Radiomensagem, 24 dez. 1942: AAS 35 (1943), 19; Pio XI, Encíclica *Mit. brennender Sorge*, 14 março 1937: AAS 29 (1937), 160; Leão XIII, Encíclica *Libertas praestantissimum*, 20 junho 1888: Acta Leonis XIII, 8 (1888), 237-238.

própria lei divina, objetiva e universal, com a qual Deus, no desígnio da sua sabedoria e amor, ordena, dirige e governa o universo inteiro e os caminhos da comunidade humana. Desta sua lei, Deus torna o homem participante, de modo que este, segundo a suave disposição da divina providência, possa conhecer cada vez mais a verdade imutável.[2] Por isso, cada um tem o dever e consequentemente o direito de procurar a verdade em matéria religiosa, de modo a formar, prudentemente, usando de meios apropriados, juízos de consciência retos e verdadeiros.

Mas a verdade deve ser buscada pelo modo que convém à dignidade da pessoa humana e da sua natureza

---

[2] Cf. S. Tomás, *Summa theologica*, I-II, q. 91, a. 1; q. 93, a. 1-2.

b) *A liberdade religiosa diz respeito à relação que a pessoa tem com Deus*. E "a suprema norma da vida humana é a própria lei divina, eterna, objetiva e universal" com a qual Deus governa o mundo (**DH 3**). E é porque Deus torna o ser humano participante de sua lei, que cada pessoa tem o "dever" e o "direito" de buscar a verdade em matéria religiosa. Essa verdade precisa ser coerente com a dignidade da pessoa e da sua natureza social (**DH 3**). Tal dignidade caracteriza-se pela liberdade na busca e na vivência da própria verdade religiosa e no respeito à própria consciência, onde o ser humano "ouve e reconhece os ditames da lei divina" (**DH 3**). Assim, o ser humano pode e tem o direito de realizar atos religiosos internos e externos, voluntários e livres, tanto individualmente como em comunidade. Tais atos "transcendem por sua natureza a ordem terrena e temporal", razão pela qual, salvaguardada a justa ordem pública, nem mesmo as autoridades civis podem impor ou impedir que esses atos sejam realizados (**DH 3**).

social, isto é, por meio de uma busca livre, com a ajuda do magistério ou ensino, da comunicação e do diálogo, com os quais os homens dão a conhecer uns aos outros a verdade que encontraram ou julgam ter encontrado, a fim de se ajudarem mutuamente na inquirição da verdade; uma vez conhecida esta, deve-se aderir a ela com um firme assentimento pessoal.

O homem ouve e reconhece os ditames da lei divina por meio da consciência, que ele deve seguir fielmente em toda a sua atividade, para chegar ao seu fim, que é Deus. Não deve, portanto, ser forçado a agir contra a própria consciência. Nem deve também ser impedido de atuar segundo ela, sobretudo em matéria religiosa. Com efeito, o exercício da religião, pela natureza desta, consiste primeiro que tudo em atos internos voluntários e livres, pelos quais o homem se ordena diretamente para Deus; e tais atos não podem ser nem impostos nem impedidos por uma autoridade meramente humana.[3] Por sua vez, a própria natureza social do homem exige que este exprima externamente os atos religiosos interiores, entre em comunicação com os demais em assuntos religiosos e professe de modo comunitário a própria religião.

É, portanto, uma injustiça contra a pessoa humana e contra a própria ordem estabelecida por Deus negar ao homem o livre exercício da religião na sociedade, uma vez salvaguardada a justa ordem pública.

Além disso, os atos religiosos, pelos quais os homens, privada e publicamente, se orientam para

---

[3] Cf. João XXIII, Encíclica *Pacem in terris*, 11 abril 1963: AAS 55 (1963), 270; Paulo VI, Radiomensagem, 22 dez. 1964: AAS 57 (1965), 181-182; S. Tomás, *Summa Theologica*, I-I, q. 91, *a.* 4 *c.*

Deus segundo sua própria convicção, transcendem por sua natureza a ordem terrena e temporal. Por este motivo, a autoridade civil, que tem como fim próprio olhar pelo bem comum temporal, deve, sim, reconhecer e favorecer a vida religiosa dos cidadãos, mas excede os seus limites quando presume dirigir ou impedir os atos religiosos.

A liberdade religiosa das comunidades religiosas

4. A liberdade ou imunidade de coação em matéria religiosa, que compete às pessoas tomadas individualmente, também lhes deve ser reconhecida quando atuam em conjunto. Com efeito, as comunidades religiosas são exigidas pela natureza social tanto do homem como da própria religião.

Por conseguinte, desde que não se violem as justas exigências da ordem pública, deve-se em justiça a tais comunidades a imunidade que lhes permita regerem--se segundo as suas próprias normas, prestarem culto público ao Ser Supremo, ajudarem os seus membros no exercício da vida religiosa e sustentarem-nos com o ensino e promoverem, enfim, instituições em que os membros cooperem na orientação da própria vida segundo os seus princípios religiosos.

c) Tratando das *comunidades religiosas*, a existência dessas condiz com a natureza social do ser humano. E elas têm o direito, sem violar a ordem pública, de realizarem culto público, de ensinar e testemunhar publicamente sua própria crença, de criar instituições educacionais para esse fim, de reunir-se ou constituir associações educativas, culturais, caritativas e sociais, de construir edifícios religiosos, de adquirir e usar bens convenientes com a finalidade religiosa (**DH 4**).

Também compete às comunidades religiosas o direito de não serem impedidas por meios legais ou pela ação administrativa do poder civil, de escolher, formar, nomear e transferir os próprios ministros, de comunicar com as autoridades e comunidades religiosas de outras partes da terra, de construir edifícios religiosos e de adquirir e usar os bens convenientes.

Os grupos religiosos têm ainda o direito de não serem impedidos de ensinar e testemunhar publicamente, por palavra e por escrito, a sua fé. Porém, na difusão da fé religiosa e na introdução de novas práticas, deve sempre evitar-se todo o modo de agir que tenha visos de coação, persuasão desonesta ou simplesmente menos leal, sobretudo quando se trata de gente rude ou sem recursos. Tal modo de agir deve ser considerado como um abuso do próprio direito e lesão do direito alheio.

Também pertence à liberdade religiosa que os diferentes grupos religiosos não sejam impedidos de dar a conhecer livremente a eficácia especial da própria doutrina para ordenar a sociedade e vivificar toda a atividade humana. Finalmente, na natureza social do homem e na própria índole da religião se funda o direito que os homens têm de, levados pelas suas convicções religiosas, se reunirem livremente ou estabelecerem associações educativas, culturais, caritativas e sociais.

A liberdade religiosa da família

5. A cada família, pelo fato de ser uma sociedade de direito próprio e primordial, compete o direito de organizar livremente a própria vida religiosa, sob a orientação dos pais. A estes cabe o direito de determinar o método

de formação religiosa a dar aos filhos, segundo as próprias convicções religiosas. E, assim, a autoridade civil deve reconhecer aos pais o direito de escolher com verdadeira liberdade as escolas e outros meio de educação; nem, como consequência desta escolha, se lhes devem impor direta ou indiretamente, injustos encargos. Além disso, violam-se os direitos dos pais quando os filhos são obrigados a frequentar aulas que não correspondem às convicções religiosas dos pais, ou quando se impõe um tipo único de educação, do qual se exclui totalmente a formação religiosa.

Promoção da liberdade religiosa

6. Dado que o bem comum da sociedade – ou seja, o conjunto das condições que possibilitam aos homens alcançar mais plena e facilmente a própria perfeição – consiste sobretudo na salvaguarda dos direitos e deveres da pessoa humana,[4] o cuidado pela liberdade religiosa incumbe tanto aos cidadãos como aos

---

[4] Cf. João XXIII, Encíclica *Mater et Magistra*, 15 maio 1961: AAS 53 (1961), 417; Id., Encíclica *Pacem in terris*, 11 abril 1963: AAS 55 (1963) 273.

---

d) Também as *famílias têm o direito de liberdade na sua opção religiosa e na educação religiosa dos filhos*. Isso precisa ser observado inclusive na escola onde estudam os filhos. Essa não pode exigir que um aluno frequente aulas "que não correspondem às convicções religiosas dos pais, ou se é imposto um tipo único de educação, no qual se exclui totalmente a formação religiosa" (**DH 5**).

e) Assim, *a promoção da liberdade religiosa condiz com o bem comum da sociedade*, de modo que o cuidado para com essa liberdade é um dever tanto dos cidadãos, quanto das autoridades civis, da Igreja e das demais comunidades religiosas.

grupos sociais, aos poderes civis, à Igreja e às outras comunidades religiosas, segundo o modo próprio de cada uma, e de acordo com as suas obrigações para com o bem comum.

Pertence essencialmente a qualquer autoridade civil tutelar e promover os direitos humanos invioláveis.[5] Deve, por isso, o poder civil assegurar eficazmente, por meio de leis justas e outros meios convenientes, a tutela da liberdade religiosa de todos os cidadãos, e proporcionar condições favoráveis ao desenvolvimento da vida religiosa, de modo que os cidadãos possam realmente exercitar os seus direitos e cumprir os seus deveres, e a própria sociedade se beneficie dos bens da justiça e da paz que derivam da fidelidade dos homens a Deus e à Sua santa vontade.[6]

Se, em razão das circunstâncias particulares dos diferentes povos, se atribui a determinado grupo religioso um reconhecimento civil especial na ordem jurídica, é necessário que, ao mesmo tempo, se reconheça e assegure a todos os cidadãos e comunidades religiosas o direito à liberdade em matéria religiosa.

---

[5] Cf. João XXIII, Encíclica *Pacem in terris*, 11 abril 1963: AAS 55 (1963), 273-274; Pio XII, Radiomensagem, 1º junho 1941: AAS 33 (1941); 200.

[6] Cf. Leão XIII, Encíclica *Imortale Dei*, 1º nov. 1885: ASS 18 (1885), 161.

Particularmente ao poder civil, cabe a responsabilidade de tutelar a liberdade religiosa dos cidadãos, e proporcionar as condições favoráveis para o desenvolvimento de sua vida religiosa (**DH 6**). Por isso, não é lícito ao poder público impor aos cidadãos que aceitem ou rejeitem uma determinada religião, mesmo se determinado grupo religioso tenha um reconhecimento civil especial na ordem jurídica.

Finalmente, a autoridade civil deve tomar providências para que a igualdade jurídica dos cidadãos – a qual também pertence ao bem comum da sociedade – nunca seja lesada, clara ou larvadamente, por motivos religiosos, nem entre eles se faça qualquer discriminação.

Daqui se conclui que não é lícito ao poder público impor aos cidadãos, por força, medo ou qualquer outro meio, que professem ou rejeitem determinada religião, ou impedir alguém de entrar numa comunidade religiosa ou dela sair. Muito mais é contra a vontade de Deus e os sagrados direitos da pessoa e da humanidade recorrer por qualquer modo à força para destruir ou dificultar a religião, quer em toda a terra quer em alguma região ou grupo determinado.

Os limites da liberdade religiosa

7. É no seio da sociedade humana que se exerce o direito à liberdade em matéria religiosa; por isso, este exercício está sujeito a certas normas reguladoras.

No uso de qualquer liberdade deve respeitar-se o princípio moral da responsabilidade pessoal e social:

---

f) *O direito à liberdade religiosa não é sem critério*. Exige-se responsabilidade pessoal e social, ter em conta os direitos alheios e os próprios deveres, e o respeito ao bem comum (**DH 7**). Ao poder civil, sobretudo, cabe a responsabilidade de corrigir possíveis abusos no uso do direito à liberdade religiosa, observando a ordem objetiva e a igualdade jurídica dos cidadãos. Será, assim, possível manter a harmonia na convivência entre pessoas e grupos religiosos, contribuindo para a manutenção da paz pública (**DH 7**).

cada homem e cada grupo social estão moralmente obrigados, no exercício dos próprios direitos, a ter em conta os direitos alheios e os seus próprios deveres para com os outros e o bem comum. Com todos se deve proceder com justiça e bondade.

Além disso, uma vez que a sociedade civil tem o direito de se proteger contra os abusos que, sob pretexto de liberdade religiosa, se poderiam verificar, é sobretudo ao poder civil que pertence assegurar esta proteção. Isto, porém, não se deve fazer de modo arbitrário, ou favorecendo injustamente uma parte; mas segundo as normas jurídicas, conformes à ordem objetiva, postuladas pela tutela eficaz dos direitos de todos os cidadãos e sua pacífica harmonia, pelo suficiente cuidado da honesta paz pública que consiste na ordenada convivência sobre a base duma verdadeira justiça, e ainda pela guarda que se deve ter da moralidade pública. Todas estas coisas são parte fundamental do bem comum e pertencem à ordem pública. De resto, deve manter-se o princípio de assegurar a liberdade integral na sociedade, segundo o qual se há de reconhecer ao homem o maior grau possível de liberdade, só restringindo esta quando e à medida que for necessário.

A educação para o exercício da liberdade religiosa

8. Os homens de hoje estão sujeitos a pressões de toda ordem e correm o perigo de se verem privados da

---

g) Enfim, faz-se necessária a *educação de todos para o exercício da liberdade*. Essa educação deverá ser capaz de formar própria liberdade. Por outro lado, não poucos mostram-se inclinados a rejeitar, sob pretexto de liberdade, toda e qualquer sujeição, ou a fazer pouco caso da devida obediência.

Pelo que este Concílio Vaticano exorta a todos, mas sobretudo aos que têm a seu cargo educar outros, a que se esforcem por formar homens que, fiéis à ordem moral, obedeçam à autoridade legítima e amem a autêntica liberdade; isto é, homens que julguem as coisas por si mesmos e, à luz da verdade, procedam com sentido de responsabilidade, e aspirem a tudo o que é verdadeiro e justo, sempre prontos para colaborar com os demais. A liberdade religiosa deve, portanto, também servir e orientar-se para que os homens procedam responsavelmente no desempenho dos seus deveres na vida social.

---

pessoas fiéis à ordem moral, capazes de reconhecer a legítima autoridade e capazes de serem, de fato, livres. Tal educação ajuda as pessoas a julgarem as coisas por si mesmas, procedendo com sentido de responsabilidade e aspirando a tudo o que é verdadeiro e justo, prontos para colaborarem com outras pessoas no que for necessário para o bem comum (**DH 8**). Isso significa, enfim, que a liberdade religiosa está estreitamente vinculada com deveres na vida social (**DH 8**).

Capítulo II
A liberdade religiosa à luz da revelação

A liberdade religiosa tem as suas raízes na Revelação

9. O que este Concílio Vaticano declara acerca do direito do homem à liberdade religiosa funda-se na dignidade da pessoa, cujas exigências foram aparecendo mais plenamente à razão humana com a experiência dos séculos. Mais ainda: esta doutrina sobre a liberdade tem raízes na Revelação divina, e por isso tanto mais fielmente deve ser respeitada pelos cristãos. Com efeito, embora a Revelação não afirme expressamente o direito à imunidade de coação externa em matéria religiosa, no entanto ela manifesta em toda a sua amplidão a dignidade da pessoa humana, mostra o respeito de Cristo pela liberdade do homem no

---

Tendo considerado essas questões gerais, o item II da Declaração inicia afirmando que a "doutrina sobre a liberdade religiosa tem raízes na Revelação divina" (**DH 9**), e não apenas na dignidade humana. O fundamento dessa afirmação está no "respeito de Cristo pela liberdade do homem no cumprimento do dever de crer na palavra de Deus" (**DH 9**). Isso faz com que a liberdade religiosa na sociedade seja vinculada intrinsecamente com o ato de fé cristã (**DH 9**).

cumprimento do dever de crer na palavra de Deus, e ensinar-nos qual o espírito que os discípulos de um tal mestre devem admitir e seguir em tudo. Todas estas coisas iluminam os princípios gerais sobre os quais se funda a doutrina desta Declaração acerca da liberdade religiosa. A liberdade religiosa na sociedade é de modo especial plenamente consentânea com a liberdade do ato de fé cristã.

A liberdade religiosa está de acordo com a doutrina teológica sobre a fé

10. Um dos principais ensinamentos da doutrina católica, contido na palavra de Deus e constantemente pregado pelos santos Padres[1] é aquele que diz que o homem deve responder voluntariamente a Deus com a fé, e

---

[1] Cf. Lactâncio, *Divinarum Institutionum*, livro V, 19: CSEL 19, p. 463-464, 465; PL 6, 614 e 616 (cap. 20); S. Ambrósio, *Epistola ad Valentinianum Imp.*, c. 21: PL 16, 1005; S. Agostinho, *Contra litteras Petiliani*, livro II, cap. 83: CSEL 52, p. 112; PL 43, 315; Cf. c. 23, q. 5, c. 33 (ed. Friedberg, col. 939); Id., *Ep. 23:* PL 33, 98; Id. *Ep.* 34: PL 33, 132; Id. *Ep.* 35: PL 33, 135; S. Gregório Magno, *Epistola ad Virgilium et Theodorum Episcopos Massiliae Galliarum*, Registrum Epistolarum, I, 45: MGH *Ep. 1*, p. 72: PL 77, 510-511 (livro I, *Ep.* 47); Id., *Epistola ad Johannem Episcopum Constantinopolitanum*, Registrum Epistolarum III, 52: MGH *Ep.* 1, *p.* 210; PL 77, 649 (livro III, *Ep.* 53); Cf. D. 45, c. 1 (ed. Friedberg, col. 160); IV Conc. Toledo, cânon 57: Mansi, 10, 633; Cf. D. 45, c. 5 (ed. Friedberg, col. 161-162) ; Clemente III: X, V, 6, 9: ed.

O ser humano deve responder voluntariamente a Deus pela sua fé (**DH 10**). E à medida que a sociedade favorece para que cada cidadão possa exercer livremente sua fé, nada impede que as pessoas façam a adesão livre e voluntária também à fé cristã (**DH 10**). Pois Deus chama todos à adoção filial em Cristo. Cristo, por sua vez, atraiu e convidou discípulos e os confirmou na fé. O ministério de Cristo não negou a autoridade civil e os seus direitos, mas afirmou os poderes e direitos de Deus acima dos humanos

que, por isso, ninguém deve ser forçado a abraçar a fé contra vontade.² Com efeito, o ato de fé é, por sua própria natureza, voluntário, já que o homem, remido por Cristo Salvador e chamado à adoção filial por Jesus Cristo,³ não pode aderir a Deus que se revela a não ser que, atraído pelo Pai,⁴ preste ao Senhor o obséquio racional e livre da fé. Concorda, portanto, plenamente com a índole da fé que em matéria religiosa se exclua qualquer espécie de coação humana. E por isso o regime da liberdade religiosa contribui muito para promover aquele estado de coisas em que os homens podem sem impedimento ser convidados à fé cristã, abraçá-la livremente e confessá-la por obras em toda a sua vida.

A liberdade religiosa está de acordo com o comportamento de Cristo e dos Apóstolos

11. Deus chama realmente os homens a servi-lo em espírito e verdade; eles ficam, por esse fato, moralmente obrigados, mas não coagidos. Pois Deus tem em conta a dignidade da pessoa humana, por Ele mesmo

---

Friedberg, col. 774; Inocêncio III, *Epistola ad Arelatensem Archiepiscopum*, X, III, 42, 3; ed. Friedberg, col. 646.

² Cf. CIC c. 1351; Pio XII, aloc. aos Prelados, auditores e restantes oficiais e servidores do Tribunal da S. Romana Rota, 6 out. 1946: AAS 38 (1946), 394; Id. Encíclica *Mystici Corporis*, 29 junho 1943: AAS 1943, 423.

³ Cf. Ef 1,5.

⁴ Cf. Jo 6,44.

(**DH 11**). Na cruz, ele testemunhou plenamente a verdade do seu Reino, o qual não cresce através de guerras, mas pela vivência do amor. Cristo enviou os apóstolos como continuadores do chamado que Ele mesmo fez e propagadores da sua mensagem, e eles cumpriram sua missão usando o mesmo método do Mestre (**DH 11**).

criada, a qual deve guiar-se pelo próprio juízo e agir como liberdade. Isto apareceu no mais alto grau em Jesus Cristo, no qual Deus se manifestou perfeitamente, e deu a conhecer os seus desígnios. Com efeito, Cristo, nosso Mestre e Senhor,[5] manso e humilde de coração,[6] atraiu e convidou com muita paciência os seus discípulos.[7] Apoiou e confirmou, sem dúvida, com milagres, a sua pregação; mas para despertar e confirmar a fé dos ouvintes, e não para exercer sobre eles qualquer coação.[8] Censurou, é verdade, a incredulidade dos ouvintes, mas reservando para Deus o castigo, no dia juízo.[9] Ao enviar os Apóstolos pelo mundo, disse-lhes: "Aquele que acreditar e for batizado, será salvo; quem não acreditar, será condenado" (Mc 16,16). Mas Ele próprio, sabendo que a cizânia tinha sido semeada juntamente com o trigo, mandou deixar que ambos crescessem até à ceifa que terá lugar no fim dos tempos.[10] Não querendo ser um Messias político e dominador pela força,[11] preferiu chamar-se Filho do homem, que veio "para servir e dar a sua vida para redenção de muitos" (Mc 10,45). Apresentou-se como o perfeito Servo de Deus,[12] que "não quebra a cana rachada, nem apaga a mecha fumegante" (Mt 12,20). Reconheceu a autoridade civil

---

[5] Cf. Jo 13,13.
[6] Cf. Mt 11,29.
[7] Cf. Mt 11,28-30; Jo 6,67-68.
[8] Cf. Mt 9,28-29; Mc 9,23-24; 6,5-6; Paulo VI, Encíclica *Ecclesiam suam*, 6 agosto 1964: AAS 56 (1964), 642-643 p. 642-643.
[9] Cf. Mt 11,20-24; Rm 12,19-24; 2Ts 1,8.
[10] Cf. Mt 13,30 e 40-42.
[11] Cf. Mt 11,8-10; Jo 6,15.
[12] Cf. Is 42,1-4.

e seus direitos, mandando dar o tributo a César, mas lembrando claramente que se deviam observar os direitos superiores de Deus: "Dai, pois, a César o que é de César, e a Deus o que é de Deus" (Mt 22,21). Finalmente, realizando na cruz a obra da redenção, com a qual alcançava para os homens a salvação e verdadeira liberdade, completou a sua revelação. Pois deu testemunho da verdade,[13] mas não a quis impor pela força aos seus contraditores. O seu reino não se defende pela violência[14] mas implanta-se pelo testemunho e pela audição da verdade; e cresce pelo amor com que Cristo, elevado na cruz, a si atrai todos os homens.[15]

Os Apóstolos, ensinados pela palavra e exemplo de Cristo, seguiram o mesmo caminho. Desde os começos da Igreja, os discípulos de Cristo esforçaram-se por converter os homens a Cristo Senhor, não com a coação ou com artifícios indignos do Evangelho, mas primeiro que tudo com a força da palavra de Deus.[16] A todos anunciavam com fortaleza a vontade de Deus Salvador, "o qual quer que todos os homens se salvem e venham ao conhecimento da verdade" (1Tm 2,4); ao mesmo tempo, respeitavam os fracos, mesmo que estivessem no erro, mostrando assim como "cada um de nós dará conta de si a Deus" (Rm 14,12)[17] e, nessa medida, tem obrigação de obedecer à própria consciência. Como Cristo, os Apóstolos sempre se dedicaram a dar testemunho da verdade de

---

[13] Cf. Jo 18,37.
[14] Cf. Mt 26,51-53; Jo 18,36.
[15] Cf. Jo 12,32.
[16] Cf. 1Cor 2,3-5; 1Ts 2,3-5.
[17] Cf. Rm 14,1-23; 1Cor 8,9-13; 10,23-33.

Deus, ousando proclamar diante do povo e dos chefes "com desassombro, a palavra de Deus" (At 4,31).[18] Pois acreditavam firmemente que o Evangelho é a força de Deus, para salvação de todo o que acredita.[19] E assim é que, desprezando todas as "armas carnais",[20] seguindo o exemplo de mansidão e humildade de Cristo, pregaram a palavra de Deus[21] com plena confiança na sua força para destruir os poderes opostos a Deus e para trazer os homens à fé e obediência a Cristo.[22] Como o Mestre, também os Apóstolos reconheceram a legítima autoridade civil: "Não há nenhum poder que não venha de Deus", ensina o Apóstolo, que depois manda: "Cada um se submeta às autoridades constituídas; [...] quem resiste à autoridade rebela-se contra a ordem estabelecida por Deus" (Rm 13,1-2).[23] Ao mesmo tempo, não temeram contradizer o poder público que se opunha à vontade sagrada de Deus: "Deve-se obedecer antes a Deus do que aos homens" (At 5,29).[24] Inúmeros mártires e fiéis seguiram, no decorrer dos séculos e por toda a terra, este mesmo caminho.

A doutrina da Igreja fiel à de Cristo

12. Por isso, a Igreja, fiel à verdade evangélica, segue o caminho de Cristo e dos Apóstolos, quando reconhece e fomenta a liberdade religiosa como conforme à

---

[18] Cf. Ef 6,19-20.
[19] Cf. Rm 1,16.
[20] Cf. 2Cor 10,4; 1Ts 5,8-9.
[21] Cf. Ef 6,11-17.
[22] Cf. 2Cor 10,3-5.
[23] Cf. 1Pd 2,13-17.
[24] Cf. At 4,19-20.

dignidade humana e à Revelação de Deus. Conservou e transmitiu, no decurso dos tempos, esta doutrina, recebida do Mestre e dos Apóstolos. Ainda que na vida do Povo de Deus, que peregrina no meio das vicissitudes da história humana, tenha havido por vezes modos de agir menos conformes e até contrários ao espírito evangélico, a Igreja manteve sempre a doutrina de que ninguém deve ser coagido a acreditar.

O fermento evangélico trabalhou assim longamente o espírito dos homens e contribuiu muito para que eles, com o decorrer do tempo, reconhecessem mais plenamente a dignidade da sua pessoa e amadurecesse a convicção de que, em matéria religiosa, esta devia ficar imune de qualquer coação humana na vida social.

A liberdade da Igreja

13. Entre as coisas que dizem respeito ao bem da Igreja, e mesmo ao bem da própria sociedade terrena, coisas

---

A Igreja, por sua vez, segue o caminho de Cristo e dos apóstolos. Ela "fomenta a liberdade religiosa como conforme à dignidade humana e à Revelação de Deus" (**DH 12**). Ela segue a mensagem de Jesus, afirmando também que ninguém deve ser coagido em matéria religiosa. E a própria Igreja precisa gozar "de toda a liberdade que seu encargo de salvar os homens requer" (**DH 13**). Essa liberdade, que lhe é própria e sagrada porque lhe foi dada pelo sangue de Cristo, é o princípio fundamental das relações da Igreja com os poderes públicos e a ordem civil (**DH 13**). Por isso a Igreja reivindica sempre a sua liberdade, seja como autoridade espiritual, fundada por Cristo, seja como sociedade de pessoas que têm o direito de viverem comunitariamente os princípios da fé cristã (**DH 13**).

que sempre e em toda a parte se devem manter e defender de qualquer atentado, sobressai particularmente que a Igreja goze de toda a liberdade que o seu encargo de salvar os homens requer.[25] É uma liberdade sagrada com que o Filho de Deus dotou a Igreja, adquirida com o seu próprio sangue. E é de tal modo própria da Igreja, que agem contra a vontade de Deus quantos a impugnam. A liberdade da Igreja é um princípio fundamental nas suas relações com os poderes públicos e toda a ordem civil.

Na sociedade humana e perante qualquer poder público, a Igreja reivindica para si a liberdade; pois ela é uma autoridade espiritual, fundada por Cristo Senhor, a quem incumbe, por mandato divino, o dever de ir por todo o mundo pregar o Evangelho a todas as criaturas.[26] A Igreja reivindica também a liberdade como sociedade que é formada por homens que têm o direito de viver na sociedade civil segundo os princípios da fé cristã.[27]

E, se a liberdade religiosa está em vigor, não apenas proclamada de palavra ou sancionada pelas leis, mas

---

[25] Cf. Leão XIII, Carta *Officio sanctissimo*, 22 dez. 1887: ASS 20, (1887), 269; Id. Carta *Ex litteris*, 7 abril 1887: ASS 19 (1887) 465.
[26] Cf. Mc 16,15; Mt 28,18-20; Pio XII, Carta enc. *Summi Pontificatus*, 20 out. 1939: AAS 31 (1939), 445-446.
[27] Cf. XI, Carta Firmissimam constantiam, 28 março 1937: 1937: AAS 29 (1937), 196.

Assim, a Igreja poderá realizar sua missão no mundo e os cristãos poderão viver sua fé, uma vez constatada a harmonia entre a liberdade da Igreja e a liberdade religiosa de toda pessoa (**DH 13**). E cabem também aos cristãos católicos o conhecimento, a vivência e a difusão da fé cristã. Ao fazê-lo, devem, porém, "tratar

sinceramente praticada, então obtém a Igreja finalmente, de direito e de fato, o condicionalismo estável para a necessária independência no desempenho da sua missão divina, independência que as autoridades eclesiásticas com insistência crescente reivindicaram na sociedade civil.[28] Por sua vez, os cristãos têm, como os demais homens, o direito civil de não serem impedidos de viver segundo a própria consciência. Existe, portanto, harmonia entre a liberdade da Igreja e aquela liberdade religiosa que a todos os homens e comunidades se deve reconhecer como direito e sancionar juridicamente.

Obrigação da Igreja e dos cristãos de difundir a mensagem de Cristo

14. Para obedecer ao mandato divino "ensinai todas as gentes" (Mt 28,19), deve a Igreja Católica trabalhar com muita diligência "para que a palavra de Deus se propague rapidamente e seja glorificada" (2Ts 3,1).

A Igreja pede, por isso, com instância que, antes de mais, os seus filhos façam "preces, orações, súplicas, ações de graças por todos os homens [...]. Pois é uma coisa boa e agradável a Deus nosso Salvador, que quer que todos os homens sejam salvos e cheguem ao conhecimento da verdade" (1Tm 2,1-4).

---

[28] Cf. Pio XII, Alocução *Ci riesce*, 6 dez. 1953: AAS 45 (1953), 802.

com amor, prudência e paciência" (**DH 14**) os que não se encontram conformes aos princípios da fé cristã. A fidelidade a Cristo não pode desrespeitar a graça que Deus concedeu a cada pessoa de professar livremente sua fé (**DH 14**).

Os fiéis, por sua vez, para formarem a sua própria consciência, devem atender diligentemente à doutrina sagrada e certa da Igreja.²⁹ Pois, por vontade de Cristo, a Igreja Católica é mestra da verdade, e tem por encargo dar a conhecer e ensinar autenticamente a Verdade que é Cristo, e ao mesmo tempo declara e confirma, com a sua autoridade, os princípios de ordem moral que dimanam da natureza humana. Além disso, os cristãos, procedendo cordatamente com aqueles que estão fora da Igreja, procurem "no Espírito Santo, com uma caridade não fingida e com a palavra da verdade" (2Cor 6,6-7), difundir com desassombro³⁰ e fortaleza apostólica a luz da vida, até à efusão do sangue.

Com efeito, o discípulo tem para com Cristo seu mestre o grave dever de conhecer cada vez mais plenamente a verdade d'Ele recebida, de a anunciar fielmente e defender corajosamente postos de parte os meios contrários ao espírito evangélico. Ao mesmo tempo, o amor de Cristo incita-o a agir com amor, prudência e paciência para com os homens que se encontram no erro ou na ignorância relativamente à fé.³¹ Deve-se, pois, atender quer aos deveres para com Cristo, Verbo vivificador, o qual deve ser anunciado, quer aos direitos da pessoa humana, quer à medida da graça que Deus, por meio de Cristo, concedeu ao homem, convidado a receber e a professar livremente a fé.

---

[29] Cf. Pio XII, Radiomensagem, 23 março 1952: AAS 44 (1952), 270-278.
[30] Cf. At 4,29.
[31] Cf. João XXIII, Encíclica *Pacem in terris*, 11 abril 1963: AAS 55 (1963), 299-300.

Conclusão

Exortação e votos do Concílio

15. É, pois, manifesto que os homens de hoje desejam poder professar livremente a religião, em particular e em público; mais ainda, a liberdade religiosa é declarada direito civil na maioria das Constituições, e solenemente reconhecida em documentos internacionais.[1] Mas não faltam regimes nos quais, embora a liberdade de culto religioso seja reconhecida na Constituição, no entanto os poderes públicos esforçam-se por afastar os cidadãos de professarem a religião e por tornar muito difícil e perigosa a vida às comunidades religiosas.

Saudando alegremente aqueles propícios sinais do nosso tempo, e denunciando com dor estes fatos deploráveis,

---

[1] Cf. João XXIII, Encíclica *Pacem in terris*, 11 abril 1963: AAS 55 (1963), 295-296.

Enfim, a Declaração constata, de um lado, ser hoje um desejo de todas as pessoas poderem professar livremente sua própria fé, sendo isso um direito civil na maioria dos países; e, de outro lado, a existência de regimes políticos que ainda não respeitam plenamente esse direito (**DH 15**). Diante disso, exorta os fiéis católicos e todas as pessoas para que favoreçam a liberdade religiosa. Ela se faz ainda mais necessária na atualidade, quando cresce a interação entre os povos, pessoas de diferentes culturas e religiões, os quais podem estabelecer entre si relações mais estreitas e aumentar a consciência da responsabilidade própria de cada um (**DH 15**).

o sagrado Concílio exorta os católicos e pede a todos os homens que considerem com muita atenção quão necessária é a liberdade religiosa, sobretudo nas atuais circunstâncias da família humana.

Pois é patente que todos os povos se unem cada vez mais, que os homens de diferentes culturas e religiões estabelecem entre si relações mais estreitas, que, finalmente, aumenta a consciência da responsabilidade própria de cada um. Por isso, para que se estabeleçam e consolidem as relações pacíficas e a concórdia no gênero humano, é necessário que em toda parte a liberdade religiosa tenha uma eficaz tutela jurídica e que se respeitem os supremos deveres e direitos dos homens de praticarem livremente a religião na sociedade.

Queira Deus, Pai de todos os homens, que a família humana, beneficiando-se da salvaguarda da liberdade religiosa na sociedade, seja conduzida pela graça de Cristo e pela força do Espírito Santo à sublime e perene "liberdade da glória dos Filhos de Deus" (Rm 8,21).

Promulgação

Todas e cada uma das coisas que nesta Declaração se incluem agradaram aos Padres do sagrado Concílio. E nós, pela autoridade apostólica que nos foi confiada por Cristo, juntamente com os veneráveis Padres as aprovamos no Espírito Santo, as decretamos e estabelecemos; e tudo quanto assim foi estatuído sinodalmente mandamos que, para a glória de Deus, seja promulgado.

Roma, junto de São Pedro,
aos 7 de dezembro de 1965.

Eu, Paulo, Bispo da Igreja Católica
(Seguem-se as assinaturas dos Padres Conciliares)

Declaração *Nostra Aetate* – sobre as relações da Igreja com as religiões não cristãs

O percurso da discussão conciliar

O Papa João XXIII solicitou um texto sobre os judeus com uma finalidade exclusivamente religiosa, buscando reconhecer o alcance da doutrina de Paulo sobre a eleição de Israel e a missão profética do judaísmo, continuada por Cristo e o cristianismo. Assim, a Declaração sobre os judeus buscava entender seu significado na história da salvação. O mesmo Papa havia retirado da liturgia católica expressões que eram ofensivas ao povo judeu, e queria deixar claro que os judeus não deviam ser culpados em seu conjunto pela morte de Cristo.

O texto, redigido pelo cardeal Bea e apresentado no segundo período do Concílio, encontrou significativas resistências, seja pelo tradicional antissemitismo católico, como também dos padres árabes ou filoárabes. Esses últimos temiam que o documento fosse explorado politicamente tanto pelos sionistas, quanto pelo próprio Estado de Israel. Outros padres sugeriam que o texto fosse retirado do esquema *De Oecumenismo*, onde havia sido incluído como apêndice, uma vez que aquele esquema deveria tratar unicamente da relação entre os cristãos. Outros, ainda, propunham que o texto tratasse também das outras religiões, sobretudo das grandes religiões da China e da Índia.

O fato é que não se podia negar a existência de uma relação especial do judaísmo com o cristianismo, seja porque é a pré-história do cristianismo, herdeiro direto do monoteísmo da revelação de Abraão, de Moisés, dos profetas; seja porque o povo de Israel é considerado o Povo de Deus protótipo da Igreja.

No dia 25 de setembro, o cardeal Bea apresentou o projeto da Declaração, o qual suscitou resistências e manifestações de retorno ao texto primitivo. A contribuição do cardeal Lercaro foi decisiva para que o documento não recebesse conotação política, mas unicamente religiosa, fundamentando os laços religiosos existentes entre judeus e cristãos. Tais laços se concentram nas Escrituras e no mistério pascal. A apresentação do cardeal Bea suprimia do texto a acusação de deicídio a que normalmente era submetido o povo judeu em seu conjunto. Finalmente, sugeridas as modificações, o texto foi reenviado à Comissão.

Durante o terceiro período do Concílio, o cardeal Bea recebeu da Secretaria Geral do Concílio a notícia de que o esboço da Declaração sobre as relações com os judeus seria inserido no cap. II do esquema *De Ecclesia*, tratando da relação com os não cristãos. O lugar ideal parecia ser no capítulo que trata do Povo de Deus. Assim, seria formada uma comissão mista para cuidar do tema, integrando a Comissão Teológica com o Secretariado para a Unidade dos Cristãos. Mas houve resistências a essa proposta. O Papa Paulo VI recebeu, no dia 11 de outubro, uma carta subscrita por 17 cardeais que se opunham a essa decisão. No dia 13 de outubro, uma conversa do cardeal Frings com o Papa resolveu a questão, deixando tudo como estava.

No início do quarto período do Concílio, tinha-se um texto que dava grande importância à primeira parte, que tratava das grandes religiões, reconhecendo nelas valores positivos. Com relação ao povo judeu, apresentado na terceira sessão, mantinha-se a não acusação da responsabilidade pela morte de Cristo – capítulo aprovado no conjunto do texto no dia 20 de novembro de 1964, com 1.651 *placet*, 99 *non placet* e 242 *placet iuxta modum*. Os bispos árabes continuavam temendo represálias dos muçulmanos se esses entendessem que o texto teria teor político em favor do Estado de Israel.

Aos 27 de outubro de 1965, concluíram-se as discussões nas aulas conciliares. Na sessão do dia seguinte, entre os cinco novos esquemas promulgados, estava o da Declaração sobre as relações da Igreja Católica com as religiões. Havia novidades no texto que exigiam alguma atenção. Algumas expressões sobre os judeus foram atenuadas, com a finalidade de tranquilizar, de um lado, os bispos de países muçulmanos que temiam sofrer possíveis represálias das lideranças daqueles países e, de outro lado, responder a um pequeno grupo de bispos conservadores que temiam que o texto não seguisse a tradição da Igreja.

As atenuações do texto eram principalmente duas: suprimiu-se definitivamente a frase que imputava coletivamente os judeus do crime de deicídio, entendendo que o povo em seu conjunto não pode assumir as responsabilidades dos seus líderes que condenaram Jesus à morte; e em vez de "condenar" as perseguições que os judeus sofreram, sobretudo na II Guerra Mundial, o novo texto a "lamenta", após tê-las "reprovado". Finalmente, aos 28 de outubro de 1965, aprovou-se a Declaração das relações da Igreja com as religiões, *Nostra Aetate*, com 2.221 votos a favor, 88 contra e 3 nulos.

Análise da *Nostra Aetate*

O Concílio Vaticano II é o *primeiro Concílio* que fala positivamente das outras religiões, reconhecendo seus valores essenciais à luz da doutrina patrística sobre a "preparação evangélica" e as "sementes do Verbo". A Declaração *Nostra Aetate* mostra essa posição. É o documento mais breve do Concílio, formado por um corpo contínuo de apenas cinco parágrafos. Mas a brevidade do texto não o impede de expressar com clareza a intenção fundamental do Concílio de aproximar a Igreja das diferentes tradições religiosas, estabelecendo relações que favoreçam o diálogo, a convivência pacífica e a colaboração inter-religiosa para o bem comum.

A Declaração reconhece uma função antropológica das religiões ao contribuírem na busca de respostas aos questionamentos existenciais mais profundos do ser humano, sobretudo quanto à sua origem, o sentido de sua existência e o seu fim (NA 1, 2). Para a tradição judaico-cristã, o ser humano é criado à imagem e semelhança de Deus (Gn 1,26) e é, consequentemente, vocacionado à vida em Deus. Isso realiza-se por um processo de divinização, à medida que as pessoas realizam o projeto divino em suas vidas. Tal projeto tem como fim chegar "à comunhão com a natureza divina" (2Pd 1,4).

A maioria das religiões afirma também a relação entre o ser humano e a divindade. Para muitas, existe uma realidade sobrenatural que é, ao mesmo tempo, a origem e o destino final de toda a criação. E, ao afirmarem isso, as religiões têm uma grande responsabilidade na orientação do sentido para a vida humana. Tal responsabilidade não é uma mera questão ética, mas eminentemente teológico-religiosa. Ao orientarem as pessoas em sua relação com o divino, as religiões afirmam que o divino para o qual apontam envolve a totalidade da vida humana. Ele torna-se a "Realidade Última", Ser Supremo, de todas as criaturas. Desse modo, a defesa e a promoção da vida tornam-se conteúdo do diálogo inter-religioso por ser o melhor modo de as religiões realizarem a sua finalidade de orientar seus membros ao Fim Último da existência.

Assim como há diferenças na concepção do divino, há diferenças também na compreensão da natureza do ser humano e do seu destino final. Tais diferenças explicam a existência do pluralismo religioso. O olhar positivo do Concílio para esse pluralismo permite reconhecer nele uma significativa sintonia entre elementos das tradições religiosas com a fé cristã. São "elementos estimáveis, religiosos e humanos" (GS 92), "coisas verdadeiras e boas" (LG 16), "elementos de verdade e de graça" (AG 9), de "verdade" e de "santidade" (NA 2), "tradições contemplativas" (AG 9). Esses elementos, compreendidos como "sementes do Verbo" (AG 11,15), exigem dos cristãos a atenção e a estima para com as religiões. Seu patrimônio espiritual é um convite eficaz ao diálogo (NA 2,3; AG 11), não apenas sobre os pontos convergentes, mas também sobre os divergentes. O então *Secretariado para os não cristãos* entendeu que, segundo as afirmações conciliares mais explícitas, estes valores coincidem nas grandes tradições religiosas da humanidade.[1] E

---

[1] Atitude da Igreja Católica diante dos crentes das outras religiões: reflexões e orientações referentes ao diálogo e à missão. In: *Bulletin*, Secretariatus pro non Christianis, 56, 1984/2, p. 155.

a Declaração *Nostra Aetate* compreende esses elementos como "um reflexo" da verdade que ilumina toda a humanidade (NA 2).

A multiforme manifestação da graça salvífica de Deus

A riqueza da graça é manifestada na história humana por uma pluralidade de sinais que mostram os desígnios salvíficos de Deus. A Bíblia mostra a universalidade do único plano salvífico de Deus (At 4,12) revelando-se de muitos modos, em tempos e situações diversas (Hb 1,1). Em Cristo, essa revelação chegou ao ápice, de modo que Ele é o mediador por excelência, único, entre Deus e a humanidade (1Tm 2,3-5). A cruz de Cristo é manifestação eminente e privilegiada "do amor universal de Deus" (NA 4). E à Igreja cabe a missão de anunciar a Cristo, "caminho, verdade e vida" (Jo 14,6).

Assim, o cristianismo não vê vias salvíficas alternativas à de Cristo, Ele é o *único* mediador entre o céu e a terra. Contudo, quando em Rm 2,13s Paulo afirma que os "pagãos", os quais "por natureza" "agem segundo a lei" que a eles é desconhecida e são, portanto "justos diante de Deus", está apresentando elementos que implicam positivamente a possibilidade da salvação dos não cristãos. O Vaticano II é claro na afirmação positiva da graça de Deus que chama a todos (LG 16; DV 3; GS 22). Essa graça atua para além dos confins da Igreja e do próprio cristianismo. O Vaticano II não afirma explicitamente que as religiões são "caminhos" de salvação para seus membros, mas entendemos que dá os fundamentos para isso ao reconhecer a ação do Verbo e do seu Espírito não só no coração das pessoas, mas também nos elementos objetivos de suas tradições religiosas (LG 16-17; AG 3, 7-9, 11; NA 2). Desse modo, no único plano salvífico encontram-se também as religiões, por Deus mesmo incluídas como caminhos para Ele. Afinal, na casa de Deus "há muitas moradas" (Jo 14,2). Para Paulo e os Padres, os não cristãos são comumente chamados de "pagãos", os que vivem "pela natureza" (Rm 2,4), em condição de pecaminosidade e, portanto, contrários a Deus (Rm 1,18-32). Mas não estão excluídos do chamado à salvação. O Vaticano II tem visão mais positiva. Detalha as diferentes categorias, como os hindus e budistas (NA 2), os muçulmanos (NA 3; LG 16), os judeus (NA 4; LG 16) e, implicitamente, os ateus (GS 19-21; cf. LG 16). O Concílio resgata um importante ensinamento dos Padres: os que entre "os povos" viveram com o "Logos" comportaram-se, de fato, como cristãos.[2] E só de modo impróprio podem ser considerados "ímpios". Assim foi com Abel, Noé, Abraão, Isaac, Jacó, formando "a multidão dos santos antigos" (Concílio de Orange – 529, DH 396). Para Agostinho, as ações boas de muitos não cristãos eram viciadas pela soberba e privadas de qualquer significado positivo para o juízo final. Contudo, o fato de eles terem conseguido cumpri-las mostrava que a imagem do Criador não poderia ser neles cancelada.[3] Para Tomás, alguns "pagãos" seriam, por natureza, capazes de um "bem parcial", seja no campo da cultura (filosofia, arte), seja no campo da moral. Em virtude do Espírito Santo misteriosamente operante neles, são capazes de observar a lei divina, no seu núcleo, o mandamento do amor, pelo qual Deus não lhes rejeita a salvação: "Felizes os misericordiosos: eles

---

[2] Justino cita expressamente Sócrates e Heráclito, *Apologia* I, 46; PG 6, 398. Para Tertuliano, a alma seria naturalmente cristã, *Apol.*, 17, 6; PL 1,431.
[3] AGOSTINHO, *De Spir. Et. Litt.*, XXVII, 48; PD 44, 230.

alcançarão misericórdia" (Mt 5,7; cf. Mt 25,34-49, o juízo no v. 32 acontece sobre "todos os povos"!). Assim, Tomás conclui que os não cristãos que vivem segundo os ditames do *ágape* são preparados pela graça à justificação.[4]

O magistério da Igreja aproxima-se mais de Tomás do que de Agostinho, afirmando ser errado pensar que todas as obras do "homem natural", realizadas antes da justificação, sejam pecado (Trento, DH 1557). O *Vaticano II* é claro ao afirmar que os povos das religiões não cristãs estão sob o influxo da graça à medida que "buscam a Deus" com o coração sincero e "se esforçam por realizar com as obras a sua vontade, conhecida através do ditame da consciência" (LG 16). Esses "podem conseguir a salvação eterna" (LG 16; AG 9). A *Gaudium et Spes* acentua uma visão *teocêntrica* desse fato: podem esperar a salvação no Ressuscitado "todos os homens de boa vontade, nos quais a graça trabalha invisivelmente no coração. Cristo, de fato, morreu por todos e a vocação última do homem é efetivamente uma só, a divina; por isso devemos afirmar que o Espírito Santo dá a todos a possibilidade de serem associados ao mistério pascal, nos modos que só Deus conhece" (GS 22).

O papel das religiões na ação salvífica de Deus

Portanto, a Igreja não nega a possibilidade de salvação dos não cristãos. Mas não é claro o papel desenvolvido por suas tradições religiosas para que essa possibilidade se realize. Elas têm alguma "função salvífica" concedida pelo próprio Deus? Ou Deus atua "fora" de suas instituições, seus ritos, suas doutrinas, seus líderes?

---
[4]   TOMÁS DE AQUINO, *S. Th.*, I/II, q. 109, a. 4ad 1 e a 6.

A Declaração NA reconhece que as religiões aparecem como "uma resposta aos recônditos enigmas da condição humana" (NA 1). Todos os povos possuem "uma sensibilidade" a uma "força escondida, presente ao fluxo das coisas e aos acontecimentos da vida humana, e não raro reconhece-se uma Divindade Suprema" (NA 2). E as religiões buscam dar suporte e sentido a essa sensibilidade, respondendo às questões fundamentais da vida humana de uma forma mais elaborada em seus conceitos, em sua linguagem, em seus ritos.

Considerando "com sincero respeito esses modos de agir e viver, esses preceitos e doutrinas" (NA 2), identificando-os como "um raio daquela verdade que ilumina todos os homens" (NA 2), fica explícito o reconhecimento positivo de elementos das tradições religiosas. E a partir desse reconhecimento está aberta a possibilidade da afirmação da legitimidade de existência da religião que é composta por esses elementos. Se forem negados todos os ritos, os mitos, o conteúdo doutrinal de uma tradição religiosa, essa tradição deixa de existir. Mas se eles forem afirmados em sua positividade, mesmo sabendo que "em muitos pontos diferem do que ela mesma (a Igreja) crê e propõe" (NA 2), aberto está o caminho para o reconhecimento de algum papel das religiões na ação salvífica de seus membros.

Essa realidade afirma-se:

1) Por *fatores antropológicos* – as pessoas buscam encontrar em suas tradições religiosas o desejo de paz, de felicidade, de harmonia, de realização plena nas relações consigo mesmas, com os outros, com o universo, com o divino. E sentem que somente a religião pode dar-lhes isso de forma satisfatória. E nelas encontram o caminho para o Absoluto.

Ora, uma tradição que possibilite real realização de vida a seus membros, levando-os a viver na "verdade" e na "santidade", não pode ser desconsiderada em seu papel e valor salvífico. Há aqui um caminho para o estatuto teológico do pluralismo religioso. As religiões são mais do que simples aspirações do ser humano por Deus. Elas podem ser meios pelos quais o próprio Deus busca o ser humano e quer nele fazer morada. E isso é o que legitima uma tradição religiosa, tornando-a fonte de sentido para a vida de seus membros.

2) Por *fatores teológicos*: a Declaração NA reconhece que nas diferentes religiões existem "verdade" e "santidade". Esse reconhecimento só é possível com um olhar *teológico* sobre as religiões. Esse olhar permite valorizar as diferentes tradições religiosas em seus próprios elementos, em seus "modos de agir e viver", em seus "preceitos e doutrinas". Por esses elementos se refletem a luz que "ilumina todos os homens". Portanto, as religiões não são falácia, engano, mitos vazios. Há nelas algo de profundo, perene, verdadeiro e santo.

Mesmo que a Declaração NA permita essa leitura, ela só é possível à luz da fé em Cristo, que dá o discernimento acerca dos elementos de sintonia com o Evangelho. O fundamento é o reconhecimento do mistério crístico universalmente ativo. Mas não se devem compreender as religiões apenas como uma espécie de "tradução religiosa" do Evangelho. Podem ser uma expressão, diferenciada mas legítima, da experiência divina e da santidade que os cristãos buscam. Somente Deus é santo, e sendo ele experienciado de diferentes formas nas diferentes religiões, as multiformes experiências da graça possibilitam multiformes expressões de santidade no seio da diversidade religiosa.

3) Por *fatores sociológicos*: as religiões são um fato concreto. Estão aí, presentes no cotidiano da vida social. E influenciam nesse contexto, podendo ser força de integração ou de fragmentação do complexo social e da relação entre as pessoas. Aqui a importância da cooperação inter-religiosa, capaz de "fomentar a unidade e a caridade entre os homens e até entre os povos" (NA 1). É a cooperação pela construção da fraternidade universal, pois invocar a Deus Pai de todos exige comportar-se como irmão de todos (NA 5). E também entende que as religiões, com seus bens espirituais e morais e seus valores socioculturais, muito contribuem para a realização da paz, do amor e da justiça na vida das pessoas e da humanidade. Por isso exorta seus fiéis ao "diálogo e à colaboração com os membros das outras religiões", para que "reconheçam, conservem e promovam os bens espirituais, morais e os valores socioculturais que entre eles se encontram" (NA 2).

A Igreja do e no diálogo

Os elementos acima considerados (a positividade das religiões, e a experiência nelas da graça salvífica) são fundamentais para entender a postura de diálogo da Declaração NA e de todo o Concílio Vaticano II. O Papa Paulo VI exortou à realização de todo "esforço de nos aproximarmos do mundo, em que a divina Providência nos destinou a viver". E é nesse mundo onde estão as culturas, as religiões, as diferentes tradições eclesiais. Com todos, a Igreja relaciona-se, num diálogo universal. Nesse mundo, "a Igreja faz-se palavra, faz-se mensagem, faz-se colóquio" (*Ecclesiam Suam*, 38).

O diálogo é a melhor postura da Igreja inserida no mundo. Ele não apenas caracteriza o "modo" de a Igreja ser, mas é elemento constitutivo do próprio ser da Igreja.

O diálogo é uma "dimensão integral da Igreja, que é o sacramento do Reino de Deus proclamado por Jesus".[5] Ele é "uma demanda de nossa fé cristã na Trindade, que é um mistério de comunhão no diálogo interpessoal".[6] Assim, o diálogo tem origem transcendente, em Deus (EcS 41): "O diálogo da salvação foi aberto espontaneamente por iniciativa divina: 'Ele [Deus] nos amou primeiro' (1Jo 4,10). A nós caberá outra iniciativa, a de prolongarmos até aos homens esse diálogo, sem esperar que nos chamem" (EcS 42).

E não se trata de um diálogo de mão única, de quem quer apenas ensinar. O Concílio Vaticano II ajudou a Igreja a assumir uma postura de humildade na forma de apresentar sua verdade. Sem abandonar suas convicções de fé, a Igreja entende que pode também aprender com o interlocutor, seja a sociedade, sejam as outras Igrejas e religiões. O patrimônio comum existente entre os cristãos (UR 3) permite entender que "o que a graça do Espírito Santo realiza nos irmãos separados pode também contribuir para a nossa edificação" (UR 4). Da mesma forma, a sintonia existente entre cristãos e muçulmanos, sobretudo considerando a existência de um único Deus como origem e fim da existência (NA 1), a pertença à mesma fé dos Patriarcas e Profetas do povo judeu (NA 4), exige dos cristãos católicos aspirarem e contribuírem para a construção da "fraternidade universal" (NA 5).

Enfim, a partir do Concílio Vaticano II, a Igreja entende que "O diálogo da salvação ficou ao alcance de todos; foi destinado a todos sem qualquer discriminação (cf. Cl 3,11). Também o nosso deve ser, em princípio, universal, isto é,

---

[5] COMISSÃO CONSULTIVA TEOLÓGICA DA FEDERAÇÃO DE CONFERÊNCIAS DE BISPOS ASIÁTICOS. Teses sobre o diálogo inter-religioso. *Sedoc*, v. 33, n. 281, jul.-ago. 2000, pp. 38-51. Aqui, tese n. 2.

[6] Ibid., aqui, tese n. 3.

católico, e capaz de entabular-se seja com quem for, a não ser que o homem o recuse em toda a linha ou finja recebê-lo sem sinceridade" (EcS 44). A partir disso, a *Ecclesiam Suam* afirma que Igreja não pode mais abandonar os caminhos do diálogo, esses são caminhos da Igreja, uma vez que o diálogo "está no plano de Deus" e, por isso mesmo, é constitutivo de toda religião que busca sinceramente a relação com Deus. A religião é o enlace entre Deus e o ser humano, enlace que a oração exprime como diálogo. A história da salvação narra este diálogo que acontece de múltiplas formas, sempre a partir de Deus, o qual busca o ser humano para conversar.

Características do diálogo

O diálogo possui dois principais pontos de partida: de um lado, é formado pelas perguntas fundamentais da vida humana: de onde viemos? Para onde vamos? O que é a vida, a felicidade, por que o sofrimento? (GS 10). De outro lado, o ponto de partida do diálogo é a experiência do mistério divino no Espírito. O diálogo acontece sobre o conteúdo da crença e o modo de crer em cada experiência religiosa. As interrogações antropológicas levam à questão teológica sobre Deus.

E como todas as pessoas têm essas interrogações e as religiões procuram dar-lhes uma resposta num horizonte de transcendência à realidade deste mundo, o diálogo é antropológico e religioso a um só tempo. Trata-se de uma relação entre diferentes horizontes de sentido para a vida humana, e tem como finalidade a compreensão recíproca "com uma perspectiva de unanimidade nos conteúdos essenciais de cada projeto de vida".[7]

---

[7] SUESS, P. *Introdução à teologia da missão*. Petrópolis: Vozes, 2007. p. 170.

No diálogo inter-religioso, não se busca a unidade doutrinal ou institucional (metas do ecumenismo), mas a *cooperação* entre as tradições religiosas na realização de projetos que visam ao bem comum, sobretudo para um mundo de justiça e de paz. Assim, o respeito e a compreensão mútua entre as religiões lhes dão uma base de confiança para dialogarem sobre questões relativas à vida da humanidade e do planeta. E não o fazem por fatores circunstanciais, mas por exigências do próprio credo. O *ser* religioso implica ir ao encontro do outro, respeitá-lo em suas diferenças e com ele conviver e realizar projetos comuns na defesa e promoção da vida em todas as suas formas.

Esse diálogo apresenta como exigências fundamentais:

Querer dialogar: de um lado, o diálogo é construído na circunstancialidade das relações. Estar aberto ao contexto do pluralismo social e religioso significa estar atento às necessidades e possibilidades do diálogo. Ser insensível às circunstâncias implica fechamento ao diálogo. São elas que exigem o diálogo e estabelecem o seu horizonte, conteúdo e método. Por isso, as circunstâncias devem ser vividas com uma sensibilidade dialogal.

De outro lado, o diálogo não é forçado pelas circunstâncias. Ele possui também motivações e finalidades, exige algum tipo de organização e planejamento para transformar as circunstâncias em momentos de concretização das motivações e finalidades do diálogo. As motivações e finalidades subentendem uma *opção pelo diálogo*. É preciso *querer dialogar* para encontrar o modo correto de inserção no pluralismo religioso e da exploração positiva das possibilidades do diálogo. Esse *querer* leva a buscar a *formação* para o diálogo, em seu conteúdo e método, para que se possa devidamente colher a riqueza dos encontros entre as experiências religiosas, superando os obstáculos à unidade (entre os cristãos) e à cooperação (entre as religiões).

b) *Atitude de simpatia – syn pathos*: somente assim o diálogo acontece com autoestima, tolerância e aprendizado. Isso está presente no próprio projeto de vida, e somente quem valoriza o que lhe é próprio pode valorizar o que é dos outros. Temos aqui uma disposição fundamental diante dos outros, simpatia. Essa disposição permite penetrar na experiência do outro, em seu sentimento, em sua psique: "Cada interlocutor precisa entrar na experiência do outro para compreendê-la a partir de dentro. Isso implica ir além do nível dos conceitos que expressam imperfeitamente a experiência, para chegar à experiência em si mesma. Entrar na experiência e cosmovisão do outro".[8] Trata-se do diálogo *intrar-religioso* como condição para o diálogo inter-religioso. Conhecer a religião do outro não é apenas estar informado sobre sua tradição religiosa. Supõe "colocar-se na pele do outro",[9] buscando fazer sua a experiência dele, mais do que entender suas ideias.

Aqui, há vínculo entre compreensão e reconhecimento que torna possível aprender com os outros. É o "reconhecimento das lógicas contextuais e verdades históricas situadas no interior de diferentes níveis de realidade".[10] Isso cria e fortalece a disposição para um aprendizado recíproco, evitando que o conhecimento da diferença se torne prática de indiferença.

---

[8] PANIKKAR, R. The intra-religious dialogue. *Journal of Ecumenical Studies*, 20, 1983, pp. 1-4.

[9] WHALING, F. *Christian theology and world religions*; a global approach. London: Marshall Pickering, 1986. pp. 130ss.

[10] SUESS, *Introdução à teologia da missão*, pp. 171-172.

c) *Identidade e alteridade*: identidade e alteridade são campos em conflito. Muitas tradições religiosas marcam a identidade mais pela separação do que pela relação com outras tradições. É fundamental entender que a identidade não é um horizonte fechado. É possível, e necessário, construir uma identidade relacional, comunional, cooperante. A alteridade é dom que permite que eu me conheça melhor. É preciso pensar a identidade na alteridade, no paradigma da "concomitância diferenciada e articulada"[11] – a coincidência dos opostos, que constrói uma sensibilização que permite nova compreensão do Mistério no outro.

d) *O princípio da convivência*: faz com que a liberdade seja respeitada entre povos e grupos que coexistem, mesmo se em tensões. A convivência exige igualdade de condições, sem tendências de superioridade, e condições éticas para o diálogo: o respeito e a confiança mútuas, a sinceridade e a boa fé, a humildade para aceitar verdades e valores presentes na posição do outro. É intrínseca ao diálogo a disposição para aprender, exercitando a disponibilidade para rever os próprios pontos de vista na mesma medida em que os sustenta.[12]

Para a maioria das pessoas, não houve opção por uma determinada religião. Nasceram nela. Ela é "natural". Mas há que se evitar que essa naturalidade se transforme em "superioridade": a minha religião torna-se "a" religião. Se isso é válido em nível pessoal, não o é, porém, como imposição no nível das relações interpessoais. Posições absolutistas e universalistas estão na raiz das dificuldades para o diálogo. Tais dificuldades são superadas pela possibilidade

---

[11] Ibid., p. 174.
[12] BENNÀSSAR, B. *Ética civil e moral cristã em diálogo*; uma nova cultura moral para sobreviver humanamente. São Paulo: Paulinas, 2002. pp. 18-19.

de encontrar elementos de complementaridade entre os credos. A complementaridade aponta para "deficiências" na compreensão e vivência do Sagrado; ela não é complementar à identidade, mas à sua condição de ser.

A necessidade do diálogo

Enfim, no contexto de pluralismo religioso é necessário exercitar o diálogo e a cooperação entre os diferentes credos, desenvolvendo um espírito receptivo da verdade do outro, respeitando-a mesmo quando não é possível pactuar. Urge exercitar a capacidade da escuta: escutar é um ato humano que reflete uma disposição interior. Peter Drucker afirma que "o verdadeiro comunicador é o receptor". Escutar é permitir o diálogo.

A necessidade do diálogo está no interior do próprio ser humano e de suas convicções mais profundas: somos pessoas constituídas em relação e desenvolvemos nossas convicções na relação com os outros. O mesmo serve para a religião: nossa fé é relação. Assim, toda pessoa religiosa precisa confrontar-se com o significado da pluralidade religiosa. A compreensão realista e positiva do pluralismo religioso impõe a exigência do diálogo inter-religioso.

Esse fato assume uma importância sempre maior na atualidade por alguns principais fatores:

1) O significado da própria religião: não se pode pretender dialogar com pessoas de outras religiões sem definir antes a base desse diálogo – o significado da religião. E o significado maior é re-ligar pessoas e realidades diferentes; re-ler situações, fatos, e compreender seu sentido; re-verter posturas, caminhos e re-fazer o que necessário for. Isso tudo implica relação. Religião é um sistema relacional, co-munional, integrador. É uma proposta de comunhão com

tudo e com o todo, comunhão humana e divina, cósmica e sobrenatural. Ora, as religiões são e apontam para a comunhão, o diálogo torna-se uma necessidade imprescindível para que esse fim seja alcançado.

Desse modo, a Declaração NA entende que as religiões são cada vez mais convocadas a favorecerem a experiência da comunhão no meio em que vivem. Elas são desafiadas a contribuírem com a integração social dos seus membros, assumindo juntos os desafios e os valores do contexto social em que eles se encontram. Colaboram, assim, para a humanização das instituições sociais e religiosas, favorecendo a prática da justiça e da paz.

2) Num contexto de pluralismo, o diálogo torna-se uma necessidade ainda mais urgente, tanto para o intercâmbio de experiências, buscando sintonias na compreensão da "realidade última" experimentada no interior das diferentes religiões, quanto para que os membros das diferentes religiões possam estabelecer relações de convivência entre si. Tal é o significado do diálogo inter-religioso apresentado pelas conferências episcopais da Ásia: "O diálogo inter-religioso é uma comunicação e um compartilhar de vida, experiência, visão e reflexão por fiéis de religiões diferentes, buscando juntos descobrir o trabalho do espírito entre eles [...]. É uma jornada em conjunto numa comunhão de mentes e corações rumo ao Reino para o qual Deus chama todos os povos".[13]

3) A crescente interdependência entre as pessoas e instituições no meio social, causada pela legitimidade dos espaços adquiridos, também exige o diálogo. Ali, as religiões

---

[13] COMISSÃO CONSULTIVA TEOLÓGICA DA FEDERAÇÃO DE CONFERÊNCIAS DE BISPOS ASIÁTICOS, Teses sobre o diálogo inter-religioso, aqui, tese n. 4.

partilham das informações, convivem nos acontecimentos e exercem uma interferência mútua no equilíbrio ou desequilíbrio social. Os fatores de interdependência produzem uma maior consciência do pluralismo eclesial e religioso, com os desafios e as oportunidades que ele comporta.

A importância do fato religioso na vida humana e os encontros sempre mais frequentes entre os homens e as culturas tornam necessário o diálogo, em vista dos problemas que dizem respeito à humanidade, para esclarecer o sentido da vida e para promover uma ação comum em favor da paz e da justiça no mundo.[14]

---

[14] COMISSÃO TEOLÓGICA INTERNACIONAL. *Il cristianismo e le religioni*. Vaticano: Editrice Vaticana, 1997. n. 2.

Texto e comentário
Declaração *Nostra Aetate* sobre a Igreja e as religiões não cristãs

Laços comuns da humanidade e inquietação religiosa do homem; a resposta das diversas religiões não cristãs e sua relação com a Igreja

1. Hoje, que o gênero humano se torna cada vez mais unido, e aumentam as relações entre os vários povos, a Igreja considera mais atentamente qual a sua relação com as religiões não cristãs. E, na sua função de fomentar a união e a caridade entre os homens e até entre os povos, considera primeiramente tudo

---

A Declaração inicia afirmando que a Igreja Católica busca rever a natureza de sua relação com as religiões, no intuito de promover a unidade e a caridade entre pessoas e povos (**NA 1**). Compreende que todos os povos formam uma só comunidade humana; que Deus é a origem e o fim último de tudo o que existe e de todo ser humano; que existe uma condição humana comum a todas as pessoas, com interrogações também comuns acerca da origem e do fim da existência, o sentido do sofrimento, a busca da felicidade etc.; que as religiões apresentam respostas a esses questionamentos. Esses fatores, entre outros, impelem e embasam a busca da convivência entre todos (**NA 1**).

aquilo que os homens têm de comum e os leva à convivência. Com efeito, os homens constituem todos uma só comunidade; todos têm a mesma origem, pois foi Deus quem fez habitar em toda a terra o inteiro gênero humano;[1] têm também todos um só fim último, Deus, que a todos estende a sua providência, seus testemunhos de bondade e seus desígnios de salvação[2] até que os eleitos se reúnam na cidade santa, iluminada pela glória de Deus e onde todos os povos caminharão na sua luz.[3] Os homens esperam das diversas religiões resposta para os enigmas da condição humana, os quais, hoje como ontem, profundamente preocupam seus corações: que é o homem? Qual o sentido e a finalidade da vida? Que é o pecado? Donde provém o sofrimento, e para que serve? Qual o caminho para alcançar a felicidade verdadeira? Que é a morte, o juízo e a retribuição depois da morte? Finalmente, que mistério último e inefável envolve a nossa existência, do qual vimos e para onde vamos?

Hinduísmo e budismo

2. Desde os tempos mais remotos até aos nossos dias, encontra-se nos diversos povos certa percepção

---

[1] Cf. At 17,26.
[2] Cf. Sb 8,1; At 14,17; Rm 2,6-7; 1Tm 2,4.
[3] Cf. Ap 21,23-24.

A crença em um Ser Superior faz parte da história da humanidade. E as religiões despertam e desenvolvem a sensibilidade de transcendência religiosa do ser humano. Isso acontece de modo vinculado com a cultura de cada povo (**NA 2**). No hinduísmo,

daquela força oculta presente no curso das coisas e acontecimentos humanos; encontra-se por vezes até o conhecimento da divindade suprema ou mesmo de Deus Pai. Percepção e conhecimento esses que penetram as suas vidas de profundo sentido religioso. Por sua vez, as religiões ligadas ao progresso da cultura procuram responder às mesmas questões com noções mais apuradas e uma linguagem mais elaborada. Assim, no hinduísmo, os homens perscrutam o mistério divino e exprimem-no com a fecundidade inexaurível dos mitos e os esforços da penetração filosófica, buscando a libertação das angústias da nossa condição quer por meio de certas formas de ascetismo, quer por uma profunda meditação, quer, finalmente, pelo

busca-se responder o mistério divino por uma pluralidade de crenças e pela meditação filosófica. Busca-se a libertação dos males pela ascese, pela meditação, entendendo penetrar na esfera do divino. No budismo, em suas variedades, existe o reconhecimento da precariedade da condição terrena e a busca do caminho que conduz à libertação plena de todos os sofrimentos; busca-se atingir um estado de iluminação suprema, seja por meios próprios, seja por ajuda do alto. Também outras "religiões universalistas" buscam responder às inquietações do ser humano propondo doutrinas, preceitos de vida e ritos sagrados (**NA 2**).

Diante disso, "a Igreja Católica nada rejeita do que nessas religiões existe de verdadeiro e santo" (**NA 2**). Mas considera respeitosamente os modos de viver e agir, os preceitos e doutrinas que, nas diferenças entre si e com a fé cristã, "refletem não raramente um raio da verdade que ilumina todos os homens" (**NA 2**). E nesse contexto ela assume também sua missão de anunciar a Cristo como "caminho, verdade e vida" (Jo 14,6), plenitude do ser humano.

refúgio amoroso e confiante em Deus. No budismo, segundo as suas várias formas, reconhece-se a radical insuficiência deste mundo mutável, e propõe-se o caminho pelo qual os homens, com espírito devoto e confiante, possam alcançar o estado de libertação perfeita ou atingir, pelos próprios esforços ou ajudados do alto a suprema iluminação. De igual modo, as outras religiões que existem no mundo procuram de vários modos ir ao encontro das inquietações do coração humano, propondo caminhos, isto é, doutrinas e normas de vida e também ritos sagrados.

A Igreja Católica nada rejeita do que nessas religiões existe de verdadeiro e santo. Olha com sincero respeito esses modos de agir e viver, esses preceitos e doutrinas que, embora se afastem em muitos pontos daqueles que ela própria segue e propõe, todavia refletem não raramente um raio da verdade que ilumina todos os homens. No entanto, ela anuncia, e tem mesmo obrigação de anunciar incessantemente, Cristo, "caminho, verdade e vida" (Jo 14,6), em quem os homens encontram a plenitude da vida religiosa e no qual Deus reconciliou consigo todas as coisas.[4]

Exorta, por isso, os seus filhos a que, com prudência e caridade, pelo diálogo e colaboração com os

---

[4] Cf. 2Cor 5,18-19.

Tal é a razão pela qual a Igreja exorta ao diálogo e à colaboração dos fiéis católicos com os membros das outras religiões. Trata-se de um diálogo que, dando testemunho da própria fé, promove "os bens espirituais e morais e os valores socioculturais que entre eles se encontram" (**NA 2**).

membros das outras religiões, dando testemunho da vida e fé cristãs, reconheçam, conservem e promovam os bens espirituais e morais e os valores socioculturais que entre eles se encontram.

A religião do Islã

3. A Igreja olha também com estima para os muçulmanos. Adoram eles o Deus Único, vivo e subsistente, misericordioso e onipotente, criador do céu e da terra,[5] que falou aos homens e a cujos decretos, mesmo ocultos, procuram submeter-se de todo o coração, como a Deus se submeteu Abraão, que a fé islâmica de bom grado evoca. Embora sem o reconhecerem como Deus, veneram Jesus como profeta, e honram Maria, sua mãe virginal, à qual por vezes invocam

---

[5] Cf. S. Gregório VII, *Carta III, 21 a Anazir (Al-Názir), Rei da Mauritânia:* ed. E. Gaspar, em MGH, *Ep. sel.* II, 1820, I; p. 288, 11-15; PL 148, 451 A.

Tendo feito essas observações mais gerais, a Declaração *Nostra Aetate* trata mais especificamente da religião muçulmana e judaica. Estima a tradição muçulmana na adoração ao "Deus Único, vivo e subsistente, misericordioso e onipotente, criador do céu e da terra" (**NA 3**). Aprecia o espírito de submissão e obediência de todo muçulmano a esse Deus, tal como fez Abraão. Aprecia também o reconhecimento que os muçulmanos têm de Jesus e a veneração que prestam a Ele como profeta, a honra e a devoção que dedicam à Virgem Maria, a compreensão do dia do juízo, da ressurreição, a vida moral e cultual, a prática da oração, da esmola e do jejum (**NA 3**). A Igreja busca superar as dissensões ocorridas no passado entre católicos e muçulmanos, buscando a mútua compreensão em favor da justiça social, dos valores morais, da paz e da liberdade.

devotamente. Esperam pelo dia do juízo, no qual Deus remunerará todos os homens, uma vez ressuscitados. Têm, por isso, em apreço a vida moral e prestam culto a Deus, sobretudo com a oração, a esmola e o jejum.

E se é verdade que, no decurso dos séculos, surgiram entre cristãos e muçulmanos não poucas discórdias e ódios, este sagrado Concílio exorta todos a que, esquecendo o passado, sinceramente se exercitem na compreensão mútua e juntos defendam e promovam a justiça social, os bens morais e a paz e liberdade para todos os homens.

A religião judaica

4. Sondando o mistério da Igreja, este sagrado Concílio recorda o vínculo com que o povo do Novo Testamento está espiritualmente ligado à descendência de Abraão.

Com efeito, a Igreja de Cristo reconhece que os primórdios da sua fé e eleição já se encontram, segundo o mistério divino da salvação, nos patriarcas, em

---

Ao tratar dos judeus, a Declaração reconhece o vínculo existente entre a Igreja e o povo de Israel, unidos pela linhagem de Abraão (**NA 4**). A fé da Igreja enraíza-se na fé dos Patriarcas e dos Profetas do povo de Israel, de modo que "a salvação da Igreja foi misteriosamente prefigurada no êxodo do povo escolhido" (**NA 4**). Por esse povo a Igreja recebeu a Revelação da Aliança por Deus estabelecida, incluindo outros povos. E crê ter Cristo reconciliado todos os povos na sua cruz. A Igreja recorda sempre que do povo hebreu é que Cristo nasceu, bem como os apóstolos, colunas da Igreja, e muitos dos primeiros cristãos. Mesmo os judeus não

Moisés e nos profetas. Professa que todos os cristãos, filhos de Abraão segundo a fé,[6] estão incluídos na vocação deste patriarca e que a salvação da Igreja foi misticamente prefigurada no êxodo do povo escolhido da terra da escravidão. A Igreja não pode, por isso, esquecer que foi por meio desse povo, com o qual Deus se dignou, na sua inefável misericórdia, estabelecer a antiga Aliança, que ela recebeu a revelação do Antigo Testamento e se alimenta da raiz da oliveira mansa, na qual foram enxertados os ramos da oliveira brava, os gentios.[7] Com efeito, a Igreja acredita que Cristo, nossa paz, reconciliou pela cruz os judeus e os gentios, de ambos fazendo um só, em Si mesmo.[8]

Também tem sempre diante dos olhos as palavras do Apóstolo Paulo a respeito dos seus compatriotas:

[6] Cf. Gl 3,7.
[7] Cf. Rm 11,17-24.
[8] Cf. Ef 2,14-16.

---

tendo aderido à fé em Cristo, continuam fiéis aos ensinamentos de seus pais, e a Igreja alimenta a esperança de um dia todos os povos aclamarem "a Deus com uma só voz" (**NA 4**).

Pelo "patrimônio comum" existente entre cristãos e judeus, faz-se necessário intensificar o mútuo conhecimento e estima, seja pelo estudo das tradições religiosas, seja pelo diálogo fraterno. Apenas as autoridades judaicas que condenaram Jesus devem responder pela sua morte, e não a coletividade do povo judaico. A isso os católicos precisam atentar em sua catequese e pregação. Além disso, a Igreja mesma "deplora todos os ódios, perseguições e manifestações de antissemitismo" (**NA 4**). Pois, como Cristo morreu por todos, é dever da Igreja anunciar essa verdade como expressão do amor de Deus para com todos.

"Deles é a adoção filial e a glória, a aliança e a legislação, o culto e as promessas; deles os patriarcas, e deles nasceu, segundo a carne, Cristo" (Rm 9,4-5), filho da Virgem Maria. Recorda ainda a Igreja que os Apóstolos, fundamentos e colunas da Igreja, nasceram do povo judaico, bem como muitos daqueles primeiros discípulos, que anunciaram ao mundo o Evangelho de Cristo.

Segundo o testemunho da Sagrada Escritura, Jerusalém não conheceu o tempo em que foi visitada;[9] e os judeus, em grande parte, não receberam o Evangelho; antes, não poucos se opuseram à sua difusão.[10] No entanto, segundo o Apóstolo, os judeus continuam ainda, por causa dos patriarcas, a ser muito amados de Deus, cujos dons e vocação não conhecem arrependimento.[11] Com os profetas e o mesmo Apóstolo, a Igreja espera por aquele dia, só de Deus conhecido, em que todos os povos invocarão a Deus com uma só voz e "o servirão debaixo dum mesmo jugo" (Sf 3,9).[12]

---

[9] Cf. Lc 19,44.
[10] Cf. Rm 11,28.
[11] Cf. Rm 11,28-29; Cf. Conc. Vat. II, Const. dogm. De Ecclesia, *Lumen gentium*: AAS 57, (1965), p. 20.
[12] Cf. Is 66,23; Sl 65,4; Rm 11,11-32.

Essa fé é o que leva a Igreja a rejeitar tudo o que causa discriminação, divisão e perseguição entre pessoas e povos, "por motivos de raça ou cor, condição social ou religião" (**NA 5**). De fato, os cristãos só podem invocar a Deus Pai de todos se não recusarem a conviver como irmãos de todos os seres humanos, criados à imagem de Deus. Assim, a Igreja contribui para a "fraternidade universal" (**NA 5**).

Sendo assim tão grande o patrimônio espiritual comum aos cristãos e aos judeus, este sagrado Concílio quer fomentar e recomendar entre eles o mútuo conhecimento e estima, os quais se alcançarão sobretudo por meio dos estudos bíblicos e teológicos e com os diálogos fraternos.

Ainda que as autoridades dos judeus e os seus sequazes urgiram a condenação de Cristo à morte[13] não se pode, todavia, imputar indistintamente a todos os judeus que então viviam, nem aos judeus do nosso tempo, o que na Sua paixão se perpetrou. E embora a Igreja seja o novo Povo de Deus, nem por isso os judeus devem ser apresentados como reprovados por Deus e malditos, como se tal coisa se concluísse da Sagrada Escritura. Procurem todos, por isso, evitar que, tanto na catequese como na pregação da palavra de Deus, se ensine seja o que for que não esteja conforme com a verdade evangélica e com o espírito de Cristo.

Além disso, a Igreja, que reprova quaisquer perseguições contra quaisquer homens, lembrada do seu comum patrimônio com os judeus, e levada não por razões políticas mas pela religiosa caridade evangélica, deplora todos os ódios, perseguições e manifestações de antissemitismo, seja qual for o tempo em que isso sucedeu e seja quem for a pessoa que isso promoveu contra os judeus.

De resto, como a Igreja sempre ensinou e ensina, Cristo sofreu, voluntariamente e com imenso amor, a Sua paixão e morte, pelos pecados de todos os homens,

---

[13] Cf. Jo 19,6.

para que todos alcancem a salvação. O dever da Igreja, ao pregar, é portanto anunciar a cruz de Cristo como sinal do amor universal de Deus e como fonte de toda a graça.

A fraternidade universal e a reprovação de toda discriminação racial ou religiosa

5. Não podemos, porém, invocar Deus como Pai comum de todos, se nos recusamos a tratar como irmãos alguns homens, criados à Sua imagem. De tal maneira estão ligadas a relação do homem a Deus Pai e a sua relação aos outros homens seus irmãos, que a Escritura afirma: "Quem não ama, não conhece a Deus" (1Jo 4,8).

   Carece, portanto, de fundamento toda a teoria ou modo de proceder que introduza entre homem e homem ou entre povo e povo qualquer discriminação quanto à dignidade humana e aos direitos que dela derivam.

   A Igreja reprova, por isso, como contrária ao espírito de Cristo, toda e qualquer discriminação ou violência praticada por motivos de raça ou cor, condição social ou religião. Consequentemente, o sagrado Concílio, seguindo os exemplos dos santos Apóstolos Pedro e Paulo, pede ardentemente aos cristãos que, "observando uma boa conduta no meio dos homens" (1Pd 2,12), se possível, tenham paz com todos os homens,[14] quanto deles depende, de modo que sejam na verdade filhos do Pai que está nos céus.[15]

---

[14] Cf. Rm 12,18.
[15] Cf. Mt 5,45.

Promulgação

Todas e cada uma das coisas que nesta Declaração se publicaram pareceram bem aos Padres do sacrossanto Concílio. E nós, pelo poder Apostólico que nos foi confiado por Cristo, juntamente com os veneráveis Padres, no Espírito Santo as aprovamos, decretamos e estabelecemos, e tudo quanto assim foi estatuído sinodalmente mandamos que, para glória de Deus, seja promulgado.

Roma, junto de São Pedro,
aos 28 de outubro de 1965.

Eu, Paulo, Bispo da Igreja Católica
(Seguem-se as assinaturas dos Padres Conciliares)

Impresso na gráfica da
Pia Sociedade Filhas de São Paulo
Via Raposo Tavares, km 19,145
05577-300 - São Paulo, SP - Brasil - 2012